経済的な不安がなくなる
賢いお金の増やし方

TO BE RICH

I WILL TEACH YOU TO BE RICH: SECOND EDITION

トゥー・ビー・リッチ

ラミット・セティ
岩本正明 訳

ダイヤモンド社

I WILL TEACH YOU TO BE RICH: SECOND EDITION

by Ramit Sethi

愛する妻、キャサンドラへ
毎日が幸せなのは君のおかげだ

目次

第4章 寝ている間にお金を増やそう

家計の自動化で勝手にお金が貯まる

第5章 「投資のプロ」は「素人」の運用に勝てない

金融の専門家の話が役に立たない理由

第6章 面倒くさがり屋のための簡単な投資

第7章

資産をメンテナンスしよう

ポートフォリオを調整する方法

291

第8章

リッチな暮らしを送ろう

人間関係、結婚式、車や住宅にまつわるお金のやりくり

315

序章

お金を増やすために特別なことはいらない

ダイエットできない人ほど「お金の運用」を拒否するわけ

かねてから不思議に思っていたことがある。どうして大学を卒業してから、多くの人がぶくぶく太るのだろうか？　病気にかかっている人ではない。いたって健全な普通の人が年齢を重ねるにつれて、脂肪を体にまとっていく。学生時代はあんなにスリムだったのに、自分は絶対に太らないと断言していたのに、多くのアメリカ人が不健全な太り方をするのだ。

本書の初版を執筆してから10年が経った。体重と健康は、世間で最も関心が高い話題となっている。そのため改訂作業の際には、冒頭の文章は削除した方がいいのではないかというアドバイスをいただいた。ただ、これまで栄養学やフィットネス、お金について自分自身で独学し、体験を重ねてきたことで、体重とお金には共通する部分が多いと実感するようになった。いずれも、自分自身の意志で確実にコントロールできるものだ。

体重は一朝一夕に増えるものではない。もしそうなら、私たちはすぐに気づき、何らかの手を打つはずだ。職場まで車で通勤し、1日8～10時間、パソコンの前に座っている間に、少しずつお腹にまとわりついてくるものだ。サイクリストやランナー、アスリートであふれていた大学のキャンパスを一歩出て、実社会に出た瞬間、その変化は起こり始める。どうすればダイエットできるのか、友人に話題を振ってみてほしい。彼らの口からは次のような言葉が出てくるはずだ。

「炭水化物は控えないと！」
「寝る前に食事をしちゃダメだ。寝ている最中、脂肪は効率よく燃焼しないんだ」
「体重を減らすには、ケトジェニックダイエットしかないよ」
「リンゴ酢を飲めば、新陳代謝が高まるよ」

こうしたセリフを聞くたびに、私は思わず笑ってしまう。これらの意見の真偽のほどは定かではないが、大事なポイントはそこではない。

大事なポイントは、私たちがいつも些細なことばかり議論したがるということだ。

体重を減らす上で必要なことは2つしかない。食べる量を減らす、そして運動量を増やすということだ。それ以上の行動が必要なのは、一流のアスリートたちだけだ。ところがこの単純な真実を受け入れて行動に移す代わりに、私たちはトランス脂肪酸や効果が定かではないサプリメントに夢中になり、ダイエットには「ホール・サーティー」か「パレオ」かといった些末な議論ばかりをしたがる。

同様にお金に関して、ほとんどの人は次の2つのうちのいずれかのパターンに陥る。何も学ぼうとせず罪の意識を感じるか、もしくは具体的な行動には移さず、金利や地政学リスクなどを議論して、些末な経済事象ばかりに気を取られるかだ。いずれにせよ、全く成果を生むことはない。

ダイエットとパーソナル・ファイナンスの共通点

ダイエット	パーソナル・ファイナンス
カロリー摂取量を把握しない	支出を把握しない
思っている以上に食べている	思っている以上に使っている
カロリーや食事、運動に関する些細なことを議論する	金利や注目株に関する些細なことを議論する
調査に基づいた研究結果よりも、伝聞に基づいたアドバイスを重視する	パーソナル・ファイナンスの名著を読むよりも、友人や両親、テレビの司会者の話を鵜呑みにする

リッチになるために、ファイナンシャル・アドバイザーは必要ない。やるべきことは、信頼できる銀行で口座を開設し、日々のお金の管理（請求書の支払い、貯蓄、借金の返済を含む）を自動化することだ。投資を始めるにあたって最低限の知識は必要だが、あとは30年間、資産が自動的に増えていくのを見守るだけだ。

確かに、それだとなんとなくクールじゃないし、面白くもない。その代わりに、私たちは経済の見通しや一番儲かりそうな銘柄を予測する、専門家が書いたネット記事をありがたがって熟読する。ただ、彼らは結果については一切の責任を取らない（半分以上の確率で間違っている）。「この銘柄は上がる！」「いや、下がる！」。専門家が何かを口にするたびに、私たちは思わず耳を傾けてしまう。

なぜか？

私たちが些細なことを議論するのが好きだからだ。

議論するだけで、なんとなく満足感を覚えてしまう。ただ時間を浪費しているだけかもしれないし、誰ひとり考えを変えることはないかもしれないのに、自分の意見を表明するだけで悦に浸るのだ。問題は、それが単なる幻想にすぎないことだ。あなたがつい最近、友人とお金や健康について話したときのことを思い返してほしい。その後、あなたは実際にジョギングをしただろうか？　お金を貯めただろうか？　もちろん、していないだろう。

人間は些細なことについて議論するのが好きだ。そうすることで満足でき、行動を起こさなくて済むように思えるからだ。そんなことは、愚かなやつらだけにやらせておこう。私は支出を管理するために、小さな行動を積み重ねてきた。ダイエットをするために栄養士の資格はいらないのと同じで、車を運転するためにプロのエンジニアになる必要がないのと同じで、リッチになるためにパーソナル・ファイナンスについてあらゆることを熟知する必要はない。

もう一度言おう。リッチになるために、金融の専門家になる必要はないのだ。あらゆる情報を断ち切って、実際に行動に移す方法を学ぼう。そうすれば、罪悪感の軽減にもつながるはずだ。

お金の運用が難しい理由

お金を運用しない理由はいくらでもある。その一部は正当だが、ほとんどは単なる怠慢で、調査に10分すらかけるのを惜しんでいるだけだ。それでは理由のいくつかを見ていこう。

情報過多

今の世の中は情報が多すぎる。これは真実であり、正当な懸念だ。「ラミット、それはアメリカ文化に反するんじゃない？　より良い決断をするためには、より多くの情報が必要なはずよ。テレビに出ている専門家はみんなそう言ってる。彼らの方がきっと正しいのよ！」。読者からこんな声が聞こえてくるが、残念ながらその言い分は間違っている。

実際のデータを見てみよう。情報が多すぎると、私たちは「決断麻痺」に陥ることがわかっている。つまり、あまりに情報が多すぎて決断できない状況に陥り、身動きが取れなくなるのだ。バリー・シュワルツは『なぜ選ぶたびに後悔するのか――オプション過剰時代の賢い選択術』の中で次のように述べている。

401K〔アメリカの確定拠出年金制度〕では、投資できるミューチュアルファンド〔随時売買できるアメリカで一般的な投資信託〕の種類が増えると、社員が実際に投資する確率が下がることがわかっている。ファンドの選択肢の数が10増えるたびに、社員が制度に参加する率は2ポイント下がる。実際に投資した人の中でも、超保守的なマネー・マーケット・ファンド〔短期債券などの組み入れを主体とした安全性の高いファンド〕を選ぶ確率が上がるのだ。

インターネットを見ていると、株や年金、保険、海外投資に関する広告を目にするだろう。どこから始めればいいのだろうか？　もう手遅れなのだろうか？　何に手をつければいいのか？　ほとんどの場合、あなたは何もしないという選択肢を選ぶ。だが、何もしないというのは最悪の選択だ。次の表を見てほしいのだが、できるだけすぐに投資を始めるというのが常に最良の選択なのだ。

楽して友人よりも6万ドル多く貯める方法

	賢いサリー	愚かなダン
投資を始めた年齢	35歳	45歳
月200ドルの 投資を何年続けたか	10年	20年
年率8パーセントの リターンだと、65歳 時点でどれくらいの 資産があるか	18万1,469ドル。 これこそが 早く始めた成果だ	11万8,589ドル。 2倍の期間投資しても、 サリーより 6万ドルも少ない

賢いサリーは35～45歳まで毎月200ドルを投資した。45歳以降、運用資産には一度も手をつけていない。愚かなダンは45歳まで資産運用に無頓着だったが、45～65歳まで毎月200ドルを投資した。つまり、サリーが投資したのはたった10年間で、ダンが投資した期間は20年間だ。その結果、どうなったか。サリーの方が多くの資産を築いているのだ。月たったの200ドルなのに！　私たちがリッチになるためにやるべき最も大切なことは、できるだけ早く投資を始めることだ。

あなたがもっと若ければ、資産はさらに大きくなる。ただ、若くなくてもがっかりする必要はない。私は最近、この表を見て気分を害したある40代の女性からメールをもらった。

「どうしてこんなことをわざわざ書くのですか？　私なんかすでに手遅れですから、悪い気しかしません」

彼女の気持ちは重々理解できる。ただ、数字からは逃れられない。数字を取り繕うのではなく、私は読者の方に真実をお見せしたい。確かに、彼女が投資を始めるべき最良のタイミングは10年前だった。ただ、二番目に良いタイミングは今このときだ。

○メディアにも責任の一端

金融メディアのサイトを開けば、次のような見出しが躍っているはずだ。「簡単に貯金を増やせる10の節約アドバイス」、「きょうの上院選挙の相続税への影響は？」。見出しを見れば、コラムニストがどうしてこんな記事を書くのか、その意図が直感的にわかるだろう。ページビューを稼いで、広告を売るためだ。

節約に関する記事を1本読んだところで、誰ひとり自分の行動を変えることはない。相続税で影響を受けるのも、全人口の0・2パーセント以下だ。ただ、いずれの見出しも読者の感情を揺り動かし、良い――もしくは悪い――気分にさせてくれる。

こんなのはもう十分だ！　私はページビューなんて気にしないし、読者の怒りの火に薪をくべるつもりもない。私と同じであれば、あなたはどこにお金を投資するべきかに関心があるはずだ。私たちは手数料のかからない口座で、お金が自動的に増えていってほしいと思っている。金融の専門家になることなんて望んではいない。

○被害者文化の蔓延

自分磨きをするよりも、シニカルでいた方が楽だと思っている人たちがいる。ほとんどは若くて不満を抱えている人だ。

「笑っちゃうよ！　投資だって！　ピザを買うお金すら貯められないのに」

「笑っちゃうよ！　仕事を見つける？　どんなお気楽な世界に住んでるんだ……」

「ベビーブーム世代が世の中をめちゃくちゃにしてなければ……」

人々は誰が最大の被害者であるのかを競い合っているようだ。26歳になっても4ベッドルームの家を買う金銭的余裕がないだって？　俺なんて段ボールの家さえ住めないのに！　パーティーでいろんな人と会うのが好き？　さぞや、すばらしい経験だろうね。俺なんて社交不安障害だから、そんなことできないよ（医者なんか行ってないよ。自らそう診断してるんだ）。

ここで真の被害者が誰かわかるだろうか？

私だ。あなたが気分を悪くすることで、私の気分も悪くなる。読者にはこの被害者文化の愚かさに気づいてほしい。

月に20ドルすら貯める余裕がないなんていう演技は断固お断りする。本書の初版が出版された際、お金を貯めて投資するよう奨励するなんてエリート主義だと、私を非難する怒りのメールをたくさんいただいた。ただ、そうしたシニカルな考え方は間違っている。周りにも同じように悲観的な人たちが集まるようになり、信憑性のない議論を受け入れることで、大きな代償を払うことになる。数十万ドル儲けるチャンスを、みすみす逃しているのだ。そんな人たちを横目に、私の読者たちはリッチな生活を築くために、実際の行動を始めている。

選択するのはあなただ。シニカルになるのか、それとも選択肢を慎重に比べるのか。間違いは犯すだろう。ただ、その度に必ず成長する。私は前に進む道を選んだ。

これが複雑な問題であることは理解している。社会政策、経済政策、テクノロジーへのアクセス、そして純粋な運の問題もある。例えば、両親がそろっており、大学を卒業していれば、それだけで地球上の大半の人よりも幸運だ。

ただ、私たちは与えられたカードで勝負しなければならない。私は自分でコントロールできることだけに集中すべきだという考え方だ。

例えば、私は幼稚園に入った時点で、すでにＮＢＡ選手にはなれないことが明らかだった。一方で、スペリング競争ではクラスメートをちびらせるほど圧倒できることも明らかだった。これらはある意味、白黒がはっきりしている分野だ。

ところが自分ではうまくできるかどうかがわからない、グレーな分野もある。例えば、起業する、より健康になる、デート相手を楽しませる腕を上げる。これらのスキルは自ら学習せねばならず、ハードワークを必要とした。

まさに被害者マインドの餌食になりやすい分野だ。多くの人は自らの行動を省みることもせず、政治家や社会の愚痴を言う。失敗しそうになれば、すぐに匙を投げる。もしあなたが人生を他人に委ねる、単なる船の乗客になりたいのであればかまわない。流れに身を任せればいい。だが私は、ときに航路を外れることがあったとしても、船長になって自らの手で舵取りをした方がずっと楽しいということに気づいた。

不満ばかり漏らして行動に移さない人には、全く同情しない。だからこそ、この本を書いている。あなたにはどんな環境で生まれたとしても、能力を磨いて自分の置かれている状況をコントロールできるようになってほしい。ウォール街の金融会社や無意味なネット記事、自らの不安定な心理に躍らされない強靭な心の持ち主になってほしい。
お金に関する被害者文化には、以下のようなものがある。

「お金なんて貯められない」。金融危機が起きたとき、私は「30日間で千ドル貯めようチャレンジ」を立ち上げ、その中で斬新な心理学のテクニックを使った貯金戦術を紹介した。多くの人が果敢にチャレンジに参加し、実際に数千ドル貯めようと奮闘した。

ところが大半の参加者が協力的だった一方、このチャレンジのコンセプト自体に気分を害した人がいたことを知り、私は言葉を失った。月に千ドルすら稼げていない、もしくは私の紹介したテクニックが当たり前すぎるといった理由からだ。

以下が不満の一例だ。

- 「こんなことをするのは俺にとっては不可能だ……このチャレンジをできるほど稼いでいないんだ」
- 「いいアイデアだけど、オハイオ州の年間家計所得の中央値は5万8000ドル。税引き後だと月およそ3400ドルしかない。これはあくまで中央値の話だから、家計の半分がそれ以下の生活をしている。子どもを売らない限り、1000ドルなんて貯められないよ」
- 「いいチャレンジだね……月に1000ドルしか稼いでいなくても、挑戦したかもしれない。ただ、僕は学生なんだ……」

第一に、彼らの文章の書き方にはある特徴がある。文章の最後で必ず本筋から外れるのだ。もし誰かが「すばらしいけど……」、もしくは「簡単な話じゃないよ……」などと言ってきたら、その人は連続殺人犯である可能性が高い。あなたの家のドアをノックし、あなたの体から剥ぎ取った皮をレインコート代わりにして立ち去っていくような輩《やから》だ。

また、できない言い訳として、自分が置かれている特定の状況——オハイオ州に住んでいる、マレーシアに住んでいる、アイビーリーグの大学に通っていない——を持ち出したがる。私も以前は真剣に対応し、同じような境遇でも成果を出している人を紹介した。すると彼らはますますあいまいな基準を持ち出してくるのだ。

あなたは子どもの頃、三度引っ越しましたか？　あなたには指が11本ありますか？　私が「いいえ」と言うと、「そうだろうと思いました。だから私の場合はうまくいかないんです」。シニカルな人間は結果を求めない。彼らは行動しなくて済む言い訳を欲しがる。皮肉なことに、自らでっち上げた議論で勝利できたとしても、彼らは本当の意味では敗者にすぎない。心の檻からは逃れられないからだ。

「私には不利な世の中だ」。確かにこの社会は問題にあふれている。ただ、パーソナル・ファイナンスに関する限り、私は自分でコントロールできることに集中する。現状打破のために行動を起こそうと励まされたときに、できない言い訳に走る人にはなかなか理解してもらえないだろう。最初は個人的な言い訳（「時間がない」）だったのが、被害者文化が広まったことで、所得の中央値や経済政策など、外部に理由を求めることが政治的に正しくなった。確かに自分の経済状況を改善するには努力を要するが、その見返りは努力を大きく上回る。

不満ばかり言う人は、大切な点を見落としている。月に1000ドルは妥当な金額と言えるが、見方によっては野心的な目標とも言える。では1000ドルが無理なら、500ドルならどうだろう？ 200ドルでは？ 結局、1年前に不満を漏らしていた人は、今もまだ不満を漏らしているだろう。その間、実際に行動を起こした人は数百ドル、もしくは数千ドルの資金を貯めているのだ。

◦その他の戦犯

ほかにもお金を運用しない一般的な言い訳があるが、そのほとんどは精査に耐えられない。

- **「学校では習わなかった」**。20代の人は大学でパーソナル・ファイナンスの教育を受けられれば良かったと思いたがるが、実際にはほとんどの大学でパーソナル・ファイナンスの授業が提供されている。ただ、あなたが授業を取らなかっただけだ！

- **「クレジットカード会社や銀行が自分たちを食い物にしている」**。確かにそれは事実だ。だからこそ愚痴を言うのをやめて、食い物にされないよう自ら学ぼう。

- **「損するのが怖い」**。気持ちはわかる。新聞の一面に「暴落」、「ロストジェネレーション」などといった見出しが躍った金融危機を経験すれば、そう思うのも無理はない。ただ、もっと長期的な視点を持とう。景気は循環する。もし2009年に株式市場から資金を引きあげていれば、あなたは史上最長の上昇相場の1つを逃したことになる。恐怖は資産運用をしない理由にはならない。投資の選択肢はいくらでもある。リスクの高い投資があれば、リスクの低い投資もある。どれだけリスクを引き受けるか次第だ。お金の運用を自動化すれば、あなたはほかの投資家が恐怖に怯えているときに、彼らを出し抜くことができる。これまで通り、貯蓄と投資を続けよう。他人が怯えているときこそ、割安に投資できる絶好のチャンスだ。

- **「月収を増やす方法がわからない」**。本書では支出を最適化することで、投資に資金を回す方法を紹介していく。私が紹介するCEOメソッドを活用してほしい。費用を抑え（Cut）、収入を増やし（Earn）、既存の支出を最適化（Optimize）するのだ。

- **「平均的なリターンはいらない」**。アメリカ文化は平均であることを良しとしない。平均的な人間関係や平均的な収入を求める人などいるだろうか？　金融機関は私たちのそうした心理につけこむ。平均であることはダメだ、退屈だ、もっと改善できると提案してくる。「平均を上回ろう」という謳《うた》い文句で有名なロボアドバイザーの広告キャンペーンすらある。実際は、平均リターンを上回ることなどおそらくできない。むしろ、８パーセントという平均リターンは決して悪くない。皮肉なことに、「平均であること」を恐れる人々は、平均を下回る投資ばかりに手を出す。頻繁に売買し、思い切った賭けに出て、高い税金を課せられ、無駄な手数料を払う。人間関係や仕事においては、平均を上回ろうと努力することは悪くない。ただ投資においては、平均で十分なのだ。

あなたは被害者ではない。お金の主導権はあなたにある。この考え方をものにすれば、守る側から攻める側に回ることができる。「パーソナル・ファイナンスのあらゆる面を完璧にしなければ、お金の運用を始めてはならない」という偽りの呪縛にとらわれることはなくなる。

チーズサンドイッチをつくるのに、料理の鉄人になる必要があるだろうか？　そんな必要はない。一度料理をしてみれば、次からはより複雑な料理をこなせるようになる。リッチになるために唯一最も大切なことは、とにかく始めることだ。クラスで一番賢くなることではない。

聞いてほしい。ここは祖母の家ではない。私はクッキーを焼いてあげないし、あなたを甘やかさない。お金にからむ問題の多くはひとりの人間、つまりあなた自身によってもたらされている。周囲の環境やコーポレートアメリカを非難するのではなく、自分が変えられることだけに集中しよう。

言い訳はやめよう

ダイエット産業が無数の選択肢を提供して私たちを惑わすように、パーソナル・ファイナンスの世界も誇大広告、根拠の乏しい通説、あからさまな詐欺にあふれている。残念ながら、私たちは十分な努力をしていない。そして正しくできていないという罪悪感にさいなまれている。もしあなたが自分の経済状況に満足しておらず、鏡の中の自分を厳しく見つめられるならば、逃れようのない真実に気づくはずだ。問題を起こすのも、それを解決できるのもあなただ。

ひとまず言い訳はやめよう。「先月使ったのはこれくらいかな?」などと無責任なことを言うのではなく、お金の使い方について今よりも高い意識を持てればどうなるだろう? あらゆる口座をリンクさせ、貯蓄を自動化できるようなシステムを立ち上げられればどうなるだろう? 恐怖心に惑わされることなく、シンプルに定期的に投資を続けられればどうなるだろう? 必ずできる。私がそのやり方をこれから紹介する。あなたのお金は、向かうべきところに必ず向かうはずだ。今の資産状況にかかわらず、長期的には必ず資産を大きく増やすことができるのだ。

本書が送る大切なメッセージ

私は小さなステップの重要性を信じている。あなたが決断麻痺に陥らないよう、選択肢の数を減らしたい。世界最高のファンドを調べるのに途方もない時間を費やすよりも、すぐに投資を始めることの方が重要だ。本書には、その最初の一歩の踏み出し方が書かれている。

お金を運用する上で障害となっているものを理解した上で取り除き、お金を然るべき場所に投じて、自ら立てた目標を達成する。あなたの目標は金融の専門家になることではないはずだ。自分らしい充実した人生を送りながら、お金にその人生をサポートしてもらうことではないだろうか。「いくら稼ぐ必要があるのか?」ではなく、「人生で何を成し遂げたいのか——そのためにお金をどう使うべきか?」という問いになるはずだ。恐怖に惑わされるのではなく、投資に関して蓄積されてきた過去の教訓に導かれるようになるのだ。

私は決して物事を複雑にはしない。多くの本が、お金に関するあらゆることを網羅しようとする。あまりに分厚すぎて、読むべきだとわかっていても、読み進めることができない。読者にはお金の管理の自動化と投資を始めるにあたって、最小限のことだけを理解してほしい。最初の投資額はわずか１００ドルでもかまわない。以下は本書が送る最も重要なメッセージだ。

85パーセントの法則：専門家になるよりも、とにかく始めることの方が重要だ。多くの人が完璧な運用を求めるあまり気負いすぎてしまう。その結果、何も行動に移せない。一歩ずつ前に進もう。それが最も楽なやり方だ。完璧であるべきなどと心配する必要はない。何もしないよりは、すぐに始めて85パーセント正しい方がマシだ。考えてみてほしい。85パーセントは0パーセントよりは良いのだ。お金を管理するシステムが十分整えば――85パーセント整えば――、人生を前向きに生き、心からやりたいことを始めることができる。

失敗してもかまわない。資産がまだ少ない今だからこそ、失敗した方がいい。そうすれば、資産がもっと増えた大事なときに、何を回避すべきかを理解できているはずだ。

好きなものには惜しみなくお金を使い、そうでないものに容赦なく節約しよう。本書は節約のためにカフェラテを外で買わないよう勧める類《たぐい》の本ではない。好きでもない、くだらないものに対して節約することで、好きなものにもっとお金を使おうと勧める本だ。最高のものが欲しくなるのはわかる。いつでも外出したいし、素敵なマンションに住みたいし、新しい服が欲しいし、新車を運転したいし、好きなときに旅行したい。だが現実には、優先順位をつけなければならない。私の友人のジムは、仕事で昇給したことを電話で教えてくれた。にもかかわらず、その同じ日に小さな部屋に引っ越した。なぜか？　彼は住む場所に関しては無頓着で、自分のお金をキャンプや自転車に使いたかったからだ。こうしたお金の使い方を意識的支出と呼んでいる。

人生で最良の過ち

高校のとき、私は両親から大学に行きたいなら奨学金を利用しなさいと言われた。物わかりの良いインド人の息子として、私はすぐに奨学金を申請した。結局、60もの奨学金に申請書を出し、合計で数十万ドル分の採用通知を受け取った。

一番条件の良かった奨学金は最初に合格したものだった。金額は2000ドルだ。その財団は直接私に小切手を送付してきた。私はそのお金を株式市場に投資し、半分をすぐに溶かした。

私がお金について学ぶことの重要性を認識したのは、まさにそのときだ。私はパーソナル・ファイナンスに関する本や雑誌を読み漁り、経済ニュースを視聴した。しばらくすると、自分が独学したことをほかの人とも共有し始めた。スタンフォード大学では、友人を集めて非公式の授業を開講した（当初の参加者はゼロだったが）。そして2004年、「リッチになる方法を教えます（*I Will Teach You To Be Rich*）」というブログを書き始めた。貯蓄や予算、投資に関して基本的なことを説明する内容だ。その後については説明するまでもないだろう。

セクシーになることと、リッチになることとは違う。ほかの人が株の売買について語り合うのを耳にしたとき、自分の投資スタイルが退屈であることに気づいた。「5年前にいくつかファンドを買って以来、全く手をつけてないよ。自動的に買い足し続けているけど」。ただ、投資はセクシーになりたいからするものではない。お金を稼ぎたいからするものだ。投資に関する名著を読めば、バイ・アンド・ホールド（株を買って、長期的に保有し続ける投資手法）が長期的には常に勝つことを知るだろう。

スプレッドシートの世界に引きこもるな。私はお金を管理・運用する自動化システムを立ち上げて、人生を前向きに生きていこうと勧めているだけで、決してスプレッドシートの世界に引きこもるよう勧めているわけではない。自分のお金の使い方やマーケットの小さな変動を細かく把握しろと言っているわけではないのだ。まだ実感できないかもしれないが、本書を読み終える頃には、お金や投資についてもっと気楽に考えられるはずだ。自分の純資産の増え方についてエクセル上でシミュレーションし、リタイアまでにかかる期間を妄想している人をたくさん知っている。絶対にそんな真似をしてはいけない。あなたは社会不適合者になる。そんなことをする必要はない。リッチな生活はスプレッドシートの中には隠れていない。

守りではなく攻めに回ろう。多くの人がお金のことになると守りに回る。月末まで待って支出金額を確認し、「こんなに使ったのね」などと肩をすくめる。やっかいな手数料を疑問視することなく受け入れ、専門用語が理解できないからといって、複雑なアドバイスをされても質問しない。読者の方には、パーソナル・ファイナンスの各分野で守りではなく攻めに回ってほしい。代わりにやってくれる人は誰もいないことを自覚しよう。

本書はリッチな生活を送るためのお金の使い方について書かれている。いかにして自動的にお金を管理するシステムを立ち上げるのかについて、何を避けるべきかについて、名著から学べる驚くべき教訓について、よくある間違いを犯さずに済む方法について書かれている。本書を読めば、些細なことをあれこれ議論するのではなく、実際に行動を起こせるようになるだろう。必要な期間はたったの5週間。あなたはリッチになるための道を歩み始めている。

どうしてリッチになりたいのか？

私はホームページや講演会などを通じて過去15年間、１００万人以上の方とパーソナル・ファイナンスに関する話をしてきた。その際に必ずする質問が２つある。

- あなたはどうしてリッチになりたいのか？
- あなたにとって、リッチになるとはどういうことか？

ほとんどの人は「リッチ」の意味について、10分すら考えたことがない。リッチの意味は人それぞれであり、お金はその小さな一部でしかない。例えば私の友人に限っても、大切にしていることはそれぞれ違う。ポールは５００ドル以上するミシュランの星付きレストランで食事することを好み、ニコルは旅行が好きだ。ニックは服を買うのを趣味としている。自分にとってのリッチの意味を意識して定義しなければ、友人と張り合って、遅れを取らないことを目的としてしまう。私にとってのリッチの意味は、

- 金銭ではなく、やりたいことでキャリアを選べる

- 両親のリタイアを援助でき、彼らが働きたくなければ働かなくて済む
- 好きなことには惜しみなくお金を使い、そうでないものには容赦なく節約できる

ことだ。12月になると、私は妻と翌年について話し合う時間を持つ。どこに旅行に行きたいか、誰を家に招待したいか、何をすれば今後50年間の思い出になるのか。この話し合いの時間――意識的にリッチな生活について思い描く時間――が、夫婦の共同作業として最も楽しいひとときだ。

読み進める前に、あなた自身のリッチな生活について考えてみてほしい。どうしてリッチになりたいのか？　築いた資産を使って、何をしたいのか？

できるだけ具体的な生活を思い描こう。もしリッチな生活が「バスではなくタクシーに乗ること」であれば、それを書き出そう。私はニューヨークに住んでいながらその環境を活用せず、文化的なイベントに足を運んでいなかったことに気づき、3カ月に一度は美術館やブロードウェイの劇を観にいくことに決めた。

一度決めたら、それが私のリッチな生活の一部になった。自分のビジョンがどんなに卑小な――もしくは壮大な――ものでも、恥ずかしがる必要はない。例えば、私が最初にリッチな生活のリストを書き出したとき、大切な目標の1つはレストランで前菜を注文することだった。年月が経つにつれて、私の目標は次第に大きくなっていった。

理想の生活を思い描いたとき、その中であなたは何をしているだろうか？

リッチな生活の10のルール

1 **リッチな生活は、好きではないものへの支出を容赦なく抑えることで、好きなものに惜しみなくお金を使える暮らしのことだ。**

2 **大きな勝利——労力に対して大きな成果を生む5～10のこと——に集中しよう。**貯蓄と投資を自動化する、好きな仕事を見つけるなどだ。大きな勝利さえ着実に収めれば、お店で好きなだけカフェラテを注文してもかまわない。

3 **投資とは長期的には非常に退屈なものであるべきだ。**私は投資の結果を確認するよりも、タコスを食べている時間の方がワクワクする。

4 **支出を抑えるには限度があるが、いくら稼ぐかには上限がない。**私の読者の中には年収

5万ドルの人もいれば、75万ドルの人もいる。いずれも同じ食パンを買っている。支出をコントロールすることは重要だが、あなたの収入は青天井で増えていく。

【5】**パーソナル・ファイナンスを改善していく中で、友人や家族から多くのアドバイスをもらうだろう。**彼らの言葉にはありがたく耳を傾けつつも、惑わされることなくあくまで本書のプログラムを遂行しよう。

【6】**買うべきかどうかを決めるための「支出フレームワーク」をつくろう。**ほとんどの人は制限規則（外食を控えるなど）を設けるが、逆の発想で、何にお金を使うかを決めてもいい。本を買う際の私のルールは、買うかどうか迷った際にはつべこべ言わずに買うというものだ。迷う時間は5秒すら無駄だ。本の中から1つでも実践できる新しいアイデアを学べれば、十分に価値がある。

【7】**先進的なアドバイスばかりを求め続けないようにしよう。**一歩ずつ着実に改善していくという骨の折れる努力を避ける口実として、そうしている人が大半だ。毎朝10分のジョギングを継続するより、ボストンマラソンで優勝することを夢見る方が簡単だ。あなたが実践できる最も高度なことは、基本的なことである場合が多い。

[8] **舵取りをするのはあなただ。これはディズニー映画ではない。誰も助けに来てくれない。**幸いなことに、自分自身でパーソナル・ファイナンスをコントロールし、リッチな生活を築いていくことは誰にでもできる。

[9] **自分なりのリッチな生活を築くためには、悪びれることなく人と違うことを受け入れる必要がある。**お金という最大の制約から解放されたとき、自分らしいリッチな生活を思い描く自由を得られるだろう。あなたのリッチな生活はおそらく、ほかの人のリッチな生活とは違うはずだ。ありのままの自分を受け入れよう。これこそが最も楽しい部分だ！

[10] **スプレッドシートの世界に引きこもるな。**本書のアドバイスに従って貯蓄と投資を自動化できれば、人間関係や新たな経験、社会貢献など、リッチな生活の最も重要な部分がスプレッドシートの外にあることに気づくだろう。

本書を読んで得られること

ほとんどの人は、投資とは株の「個別銘柄を買う」ことだと思っている。適当に個別銘柄を売買すれば、魔法のように利益を得られると思っているのだ。そもそもの前提が間違っているため、さらに学びを深めようと考えた投資家は「ヘッジファンド」、「デリバティブ」、「コールオプション」などといった難解そうな言葉の迷路に迷い込み、途方に暮れる。

投資とは、株の個別銘柄を選ぶことではない。投資プランの方が投資行動よりも重要なのだ。残念なことに、多くの人がリッチになるためには複雑な投資をする必要があると思っている。インターネット上でそうしたやり取りがなされているのを毎日のように目にしているからだ。私やあなたのような一般的な個人投資家にとって、これらの選択肢は不要なものだ。

専門的な用語はセクシーに聞こえるものの、個人投資家がこうした複雑なコンセプトについて話し合うのは、小学生のテニスプレーヤーがラケットのストリングの張り具合について話し合っているようなものだ。確かに多少は重要だが、そんなことをする暇があるなら毎日外に出て、数時間ボールを打つ練習をする方がずっとプレイは上達する。

シンプルな長期投資で十分だ。確かに、あくびが出るほど退屈だ。ただ、あなたが求めるのは次のどちらだろうか？　セクシーな専門用語を使って他人に見栄を張ることか、それとも私のように金の椅子に座りながらブドウを食べて、ヤシの葉で扇いでもらえる生活をすることか。

　本書では、あなたのお金が何に使われているのかを把握した上で、然るべきところにお金を投じられるようになる方法について説明する。次に挙げるのが、本書が紹介する5週間のアクションステップだ。

5週間のアクションステップ

第1週：クレジットカードを整理し、借金を返済し、無料で使えるカードの特典を利用する方法を学ぶ。
第2週：確定拠出年金口座と証券口座を開設する。
第3週：自分がいくら使っているのかを把握し、いかにしてお金を然るべきところに投じるのかを理解する。

第4週：それぞれの口座をリンクさせ、お金を管理・運用するシステムを自動化する。
第5週：投資が株の個別銘柄を選ぶことではないことを理解した上で、わずかな労力で儲けられる投資手法を学ぶ。

本書を読み終えた頃には、99パーセントの人より上手にお金を運用できるようになっている。どの口座を開設すべきか、いかに投資すべきか、お金についてどのように考えるべきか、インターネット上で目にする誇大広告にいかに惑わされないか。これらのことについても理解できているはずだ。

リッチになるために特別な秘訣などない。小さなステップを着実に積み重ね、ある程度の規律を保てれば、あなたもわずかな労力をかけるだけでリッチになることができる。それでは早速、始めていこう。

第1章

クレジットカードを最適化しよう

カードの罠を回避する

インド人がツードアクーペを運転している姿を見かけたことがあるだろうか？　もし近所にインド人――名前はラジとしよう――がいるなら、彼は一般的なフォードアの車、おそらくホンダのアコードかトヨタのカムリを運転しているはずだ。実用的な車しか運転しないという点で、インド人は徹底している。私たちの徹底ぶりはそれだけにとどまらない。値引き交渉についても同じで、最後の1セントまでとことん値切ろうとする。

例えば私の父親は、車を1台買うために5日連続で交渉を続けた。私もかつて父の値引き交渉に同席したことがある。まさに契約書にサインしようとする直前に、フロアマット（50ドルほどだ）を無料で取り付けるよう要求し、ディーラーに断られると、店から立ち去ったこともある。しかも5日間、値引き交渉を続けた後の行動だ。私は販売店から連れ出されたときには疲れ果て、ただ目の前を呆然と見つめるしかなかった。

ご想像の通り、私も代々続くこの交渉の伝統を受け継いでいる。真顔で無茶な要求をしながら、決して断らせない方法を体得している。ただ、私のアプローチはより現代的だ。1週間もディーラーの間を渡り歩いたりするのではなく、北カリフォルニアの17のディーラーを互いに競い合わせた。私はその間、家でくつろぎながらインターネットを見て、彼らから送られてくるメールやファックスを比較検討しただけだ。

結局、パロアルトで掘り出し物を見つけ、サインするつもりで店に入った。そこまではすべて順調だったが、ディーラーが私のクレジットスコア〔アメリカでクレジットカードやローンの審査の際に利用される個人の信用度を表す数値〕を確認した際に、少し雲行きが怪しくなった。彼は愛想笑いを浮かべながら私に話しかけてきた。

「お客様、クレジットスコアはこれまでお会いした方々の中で最高の数値です」

「ありがとうございます」と私は答えたが、実際は「それはそうだろう」と言いたかった。4ドアのアコードを理想の車として選ぶ堅実なインド人であり、自分のクレジットスコアに何よりも誇りを感じている。

「ただ……」

「ただ？」

「クレジットスコアは申し分ないのですが、まだ履歴が足りません」

つまり、低金利のオプションを私には提供できないと言いたかったのだ。金利は1・9パーセントから4・9パーセントに跳ね上がる。わずかな違いに見えなくもないが、私はメモ帳を取り出し、すぐに計算した。自動車ローンの返済完了までに、利息を2200ドル以上、余分に払う計算になる。ただ、車自体は掘り出し物だったため、金利が多少高くても問題ないと自分を納得させて、サインした。それでも何となく気分がスッキリしない。どうしてクレジットスコアは申し分ないのに、余分に2200ドルも払わなければならないのだろうか？

ほとんどの人は私のようには育てられていないため、交渉はおそらく嫌いなはずだ。大半のアメリカ人はそうだ。交渉の仕方がわからず、ケチに思われるのも嫌だ。そして内心こう思う。「そこまでする価値があるのだろうか？」汗まみれのシャツを着ているような不快感を自覚しながらも、結局は「価値はない」と結論づける。満額を支払うのだ。

私の考え方はこうだ。確かにあらゆるものについて交渉する必要はないが、人生で何度か訪れる大きな買い物では、交渉が大きな勝利につながることがある。本章では、守りから攻めに回って、可能な限りクレジットカードから多くの特典やサービスを引き出す方法について紹介する。クレジットカード会社をうまく出し抜くのだ。これまでの人生で初めて交渉を快楽だと感じるはずだ。

クレジットカードへの恐怖心を植え付ける

パーソナル・ファイナンスの本はクレジットカードについて言及する際、以下の手口を使って読者に恐怖心を植え付ける。

恐ろしい統計。プロスペリティ・ナウ・スコアカードによると、アメリカの家計のクレジットカードの借金の中央値は2241ドルで、学生ローンの中央値は1万7711ドルだ。米連邦準備制度理事会（FRB）は「2017年に成人の10人のうち4人は、400ドルの急な出費があるだけで、お金を借りるか、何かを売るか、もしくは単純に支払うことができない」と指摘している。

恐ろしい見出し。ＣＮＢＣは「こうしたアメリカ人が、迫り来る債務危機から最も大きな被害を受けるだろう」と伝えている。ワシントン・ポストによると「債務危機が差し迫っている」、ビジネス・インサイダーは「アメリカの学生ローンの危機は想定以上に深刻だ」と報じている。

恐ろしい感情。困惑、不安、嘘。メディアはこれらを駆使すれば、ページビューが伸びて広告が売れることを熟知している。

以上を見て、あなたはどう感じただろうか？　私たちの多くは思考回路を閉ざして、ただ問題を無視しようとする。メディアはローンに関して、「回避不能だ、有害だ」と恐怖や不安をあおることで儲けている。彼らが解決策を提示することはめったになく、提示したとしても「外食を減らそう」程度のお茶を濁すものだ。

その結果、ネガティブな感情ばかりが芽生える。「もはやどうしようもない」といった投げやりな気持ちになる。私たちは怒りに震える。誰がこの責任を取るのか？　わからないが、誰かが取るべきだ。ただ、私たちは何も手を打たない。これこそが怒りの文化の仕組みだ。私たちは怒り、疲れ果てるものの、結局、無力感から何もできないのだ。

私の考え方は違う。

私の考え方

クレジットカードには数千ドル相当の特典やサービスがある。請求額の支払いにさえ遅れなければ、単なる金利ゼロの短期ローンにすぎない。現金で払うよりも自分の支出を把握するのが楽になるし、過去の利用明細も無料でダウンロードできる。たいていのカードには、買った商品が破損や盗難にあった場合の補償や、レンタカーにも適用できるロードサービスがついている。数百ドル、もしくは数千ドル相当のポイントがもらえるカードも多い。

ただ、クレジットカードにはその利便性に伴う欠点もある。支払いの延滞や身に覚えのない請求、もしくは使いすぎといった苦い記憶がある人も多いだろう。多くの専門家が反射的に「クレジットカードを利用するなんて最悪の決断だ」、「ズタズタに切り裂こう！」などと反応してもそれほど驚きはない。クレジットカードが持つ多くの利点を見過ごしながら、シンプルな解決策だけを求めている人にありがちな声だ。

実状は、その両極端の中間といったところだろう。うまく利用できさえすれば、所有する価値はある。ただ、月末にしっかりと請求額を支払わなければ、多額の遅延損害金を支払うことになる。多くのアメリカ人がそうであるように、過度に使い、借金を抱える状況にも陥りやすい。

クレジットカードを使うなと脅しているわけではない。実際は、カードを使わないという守りの対応をするのではなく、責任を持ってカードを利用し、可能な限り多くの特典を引き出すことで、攻めに回るべきだというのが私の主張だ。そのためには、クレジットカードを最適化し、あなたのクレジットスコアを改善させるための急先鋒として利用する必要がある。* 本章を読み終える頃には、あらゆる価値ある特典やサービスをカード会社から――不要な手数料を一切支払わず――引き出す方法を学べるはずだ。

ほとんどの人はゲームのプレイ方法を間違えている。借金を抱えている文字通り数千人もの人たちと私は言葉を交わしてきた。窮状にある――予期せぬ病気、介護の必要な両親、突然の出費――人もいたが、率直に言うと、ゲームのプレイ方法を間違えているだけの人もいた。彼らは週末にパーソナル・ファイナンスの本を読む努力すらしない。いくら借金を抱えているのかも把握していないのだ！　主体的に勝ちにいこうとせず、ただ不満を漏らしている。4歳の子どもがモノポリーをやろうとして、ルールを理解できないことに気づき、怒ってボードをひっくり返しているのを見たことがあるが、まさにあれだ。私があなたにゲームの勝ち方を教える。

クレジットカードに関する限り、私の目標はあなたが守りに徹しないことだ。これから攻め

*日本にクレジットスコアはないが、支払いの延滞などで信用情報が悪化するとローン審査やカード利用に制限がかかる

に回るやり方を紹介していく。クレジットカードのあらゆる特典やサービスを利用しよう。私がカード会社から嫌われているように、あなたも嫌われ者になってほしい。守りに徹するのではなく、攻めに回るだけで、驚くほどのスピードであなたの経済状況は変わっていくだろう。

攻めに回る：クレジットカードを利用してリッチな生活に近づく

人々はリッチになろうとする際、セクシーな投資を選んだり、「ディストレスト債」や「EBITDA」といった難解な専門用語を使いたがる。ただ彼らは、あまりにシンプルであまりに基本的であるが故に、それほど重要に見えないものを見落としてしまう。信用だ。皮肉なことに、信用はリッチになる上で最も重要な要素の1つだが、そのことを理解するのは難しいため、完全に見落としてしまう。

目を覚まそう。そして信用にもっと注意を払おう。信用を確立することは、リッチになるシステムを築き上げるための最初の一歩だ。考えてみてほしい。私たちにとって、人生で最も大きな買い物はほとんどローンを組んで買うものばかりだ。つまり、信用情報によって支払い額が大きく左右される。1杯のコーヒーを我慢して、たった数ドルを節約するよりも、信用はあなたのパーソナル・ファイナンスに大きな影響を与える。

信用力が高ければ、ローンの利息で数万ドル節約できるかもしれない。信用力の高い人は、貸し手にとってはリスクが低いため、ローンの際に有利な金利を提供できる。すぐにローンが必要ではなくても、3年後、4年後には自動車ローンや住宅ローンを検討する必要があるかもしれない。

あなたの信用は様々なもの（自動車ローン、住宅ローンなど）に左右されるが、まずはクレジットカードについて説明していく。誰もが1枚は持っているし、信用を最適化する上で最も手っ取り早く、最も確実な方法だからだ。クレジットカードについて、ほとんどの人は一度や二度、大きな過ちを犯している。幸いなことに、クレジットカードの仕組みについてほんの少し学ぶだけで、簡単に過ちを回避することができる。

新しいカードを手に入れる

クレジットカードはどのような基準で選べばいいのか？　私はいくつかのシンプルなルールに基づいて選んでいる。

● 郵送で申込書が送られてくるカードや、ギャップやノードストローム（アメリカ大型百貨店）といった小売店が提供するカードは使わない。

- クレジットカードの特典やサービスを隅から隅まで使い倒す。
- 良いカードを選んで、生涯使い続ける。

以下に詳しく説明しよう。

カードで支払い、特典をもらう。カードによって、特典の大きさは異なる。年間数百ドル相当のポイントをもらえるカードがあり、利用金額によっては数千ドルに達する場合もある。

第一に、どのような特典が欲しいのかを考えよう。キャッシュバックが欲しいのか、それとも旅行で使えるポイントが欲しいのか。私はキャッシュバックをお勧めする。シンプルだし、カード会社のサービスも充実している。旅行で使えるポイントなどの場合、最大限活用するには洗練されたやり方が必要になる。

主にどのような特典が欲しいのかを熟慮した上で、次にカード会社のウェブサイトを見比べて検討しよう。

大きな特典を提供するカードの場合、手数料のかかるケースがほとんどだ。特典やサービスが手数料に見合うかどうか、カードを決める前に計算してみよう。5分もかからない。カードで月に数千ドル使う場合、もらえる特典は手数料に見合う場合が多い。もしそれほど使わない、もしくは手数料を払うべきか自信がないのであれば、インターネットで調べて、簡単な分析をしてみよう。
要点：キャッシュバックなどの特典があるクレジットカードは、たいてい所有する価値がある。必ず事前に調べて、あなたが求める特典が充実しているカードを選ぼう。

流通系のクレジットカード（デパートや量販店など小売業が発行するカード）**は契約しない**。私はレジで並んでいるとき、以下のようなやり取りを数え切れないほど見てきた。40ドル相当の靴下やTシャツを買っている客が、レジの店員に話しかけられている。

「当店のクレジットカードをご契約なさいますか？」

店員はその月のノルマを達成しようと必死だ。

「1割引きになりますよ」

私は歯を食いしばって、自分に言い聞かせる。

「口を開くな、ラミット。何も言うな。お前のアドバイスなど求められていない……」

その客は「ええと……もちろん、契約します。何も損はないし」と答えた。

流通系のクレジットカードを契約している読者に対して、2つの忠告がある。

［1］一般的に、あなたが「何も損はない」というときに限って、必ず損はある。私はこの言葉を使うたびに、大きな過ちを犯してきた。

―2―この客はたった4ドル節約するために、最も略奪的なカードと契約する羽目に陥った。数セントを拾うために、汚いドブに手を入れた方がまだマシだ。あなたが受けることになる経済的な損失と比べると、4ドルなど雀の涙だ。

標準的なクレジットカードを契約しよう。あなたは最初に近くにいた人と結婚するわけではないはずだ。どうして手数料が高く、利息が法外で、特典の充実していない流通系カードを契約するのか？

郵送で申込書を送ってくるようなクレジットカードに関しても、インターネットで検索した方がより有利な条件のカードを見つけられるはずだ。

カードコレクターにはならない。クレジットカードを使い始めると、いろいろなカードに目移りしてしまうかもしれない。ただ、カードを所有しすぎないようにしよう。持つべきカードの枚数は人それぞれだが、枚数が増えるたびに、あなたのパーソナル・ファイナンスのシステムが複雑になっていくのは確実だ。把握すべきことは増えるし、間違いを犯す確率も高くなる。2枚、もしくは3枚が適当な枚数と言えるだろう（アメリカ人は平均で4枚のカードを所有している）。

クレジットカードの3つの掟

ここからは攻めに回って、クレジットカードの利点を存分に活用する方法について説明していく。クレジットカードを最適化するまでにはいくつかのプロセスがあるが、最も重要な最初のステップは、クレジットカードの借金を完済することだ。本章の最後でも、この問題は改めて取り上げる。そして請求額は自動的に支払うようにして、二度と支払いを延滞しないようにしよう。さらにカードの特典をうまく活用し、カード会社から絞り取れるものは、すべて絞り取るようにしよう。

［1］**支払いを延滞しない**。あなたの信用を高めるために最も重要なことは、期日通りにクレジットカードの請求額を支払うことだ。貸し手は滞りなく返済してくれる人を好む。支払いに遅れて、自分の信用情報に傷をつけないようにしよう。まさにセクシーなことではなく、リッチになれることに集中すべきだというわかりやすい例だ。

チケットや服を買う際に、最安値を求めていろいろなウェブサイトを渉猟する友人のことを思い浮かべてみよう。彼らはたった10ドルの節約で悦に浸っているかもしれない。一方で、あなたは目に見えない信用の重要性を理解し、請求額を期日通りに支払い、信用情報を改善することで数千ドルを節約している。もし預金口座に十分な金額を用意できていないときがあっても心配する必要はない。毎月、口座から引き落とされる前にカード会社から通知が来るため、必要に応じて金額を補充すればいい。

[2] メインのカードを長期間、利用しよう。そしてできるだけシンプルにしておこう。貸し手はクレジットカードの長期の履歴を見たがる。つまり、そのカードを長く使い続ければ続けるほど、あなたの信用に与える影響は大きくなる。もしすでに利用しているカードに満足しているのであれば、ほかのカードの誘いには乗らないようにしよう。

あなたがカードを一定期間利用していないと、自動的に解約される可能性もある。めったに使わないカードに関しては自動的に解約されないよう、自動支払いで利用しよう。例えば、私のカードのうち1枚は、月12・95ドルのサブスクリプションを支払うよう設定している。自動引き落としなので、いっさい手間がかからない。所有しているカードに関しては、自動引き落としを利用して、必ずアクティブにしておこう。

ここで厄介な疑問が生じる。新しいカードを契約すると決めたとき、古いカードは解約すべきなのか？　この問題に関しては、私はここ数年で考えを改めた。可能な限り契約を続けるべきだというのが通常のアドバイスだが、もしあなたが全く利用していないカードを複数枚所有している場合は、考え直した方がいい。

私の読者の何人かは、入会特典目的で20枚以上のカードを契約したが、全く利用状況を把握できていない。まさにリスクと報酬、シンプルさと複雑さを天秤にかけなければならない問題だと言える。クレジットカードを解約しないよう忠告するアドバイスは少なくないが、期日通りに払い続け、すでに信用が高い場合、古いカードを解約してもあなたの信用に大きな傷がつくことはない。

バランスを考えよう。大半の人にとって、クレジットカードは2～3枚が理想的だ。もしそれ以上のカードを持つ特別な理由——会社を経営している、入会特典を意図的に最大限利用する——があるのであれば、問題ない。ただ、もしカードの泥沼にはまっているのであれば、使っていないカードは整理しよう。信用に傷がつかない限り、自分が立ち上げるパーソナル・ファイナンスのシステムはシンプルである方が、夜はぐっすり眠れるはずだ。

3 カードの隠れた特典を活用しよう！

自動車保険は無事故が続いて信用が高まると、保険料が安くなる。同じように、あなたが責任感の強い顧客で信用が高まれば、カード会社からすばらしい特典がもらえるはずだ。実際に、信用の高い顧客だけに提供される様々な特典やサービスがある。もしあなたがそのカテゴリーに属する顧客であれば、カード会社に年に一度は連絡して、どういった特典やサービスがもらえるのか確認してみよう。手数料の免除、利用限度額の引き上げ、カードのランクを上げるといった対応が考えられる。

また、カード会社はキャッシュバックや航空会社のマイルなどの特典を供与しているものの、そうした特典を十分に活用できている人は少ない。例えば、私がウィスコンシン州の辺鄙《へんぴ》な町で催された結婚式に航空機で向かった際、クレジットカードのポイントを使って600ドル以上のチケット代をタダにできた。これは簡単な例だが、もっと多くの特典やサービスがある。クレジットカードが保証や保険を提供しているのをご存じだろうか？　以下が、一般的にあまり知られていないサービスの一部だ。

- ●ショッピング保険：カードで支払った商品が、破損したり盗難にあったりした際に、補償を受けられる。例えば、カードでスマホを買うと、スマホが故障したときに、修理費用をカバーしてくれるカードもある。
- ●旅行傷害保険：旅行中に起こった怪我や病気、手荷物の破損などを、クレジットカードが補償してくれる。例えば、カードで支払った旅行ツアーの最中に事故で怪我をした場合、カード会社が入院費用などをカバーしてくれる。
- ●ロードサービス：車やバイクの運転中に事故や故障が発生した際、サービスデスクに電話するだけで様々なサポートを受けられる。スペアタイヤの交換やレッカー移動、緊急の宿泊費用サポートなどのサービスがある。

最も大切なクレジットカードの特典は、あなたの支出を自動的に記録してくれるということだ。そのため、私はほとんどの買い物――特に大きな買い物――をクレジットカードで済ますようにしている。

借金、借金、借金

統計によると、アメリカ人にとって借金を抱えているというのはいたってノーマルなことだ。ただ、少し考えてみてほしい。自分の持っている資産以上の負債を抱えることが、果たして本当にノーマルと言えるのだろうか？　家や教育などに関してはそうと言えるかもしれないが、クレジットカードを使った買い物となると話は別だ。

借金を「良い借金」と「悪い借金」に色分けして区別する人がいる。長期的に価値が上がるか、それとも下がるかが区別の基準のようだ。白黒つけず、いっさいの借金を軽蔑する人もいる。いずれにせよ、私たちの多くは多額の借金を抱えており、あまり気分の良いものではない。

ここでは主にクレジットカードの借金についてお話ししたい。まずは、わかりきったことから解決していこう。借金が悪だということはすでにわかっている。また、借金をどうすべきかもわかっている。では、なぜ私たちは行動に移すことができないのか？　その理由はお金だけの問題ではない。心理的なものだ。

やるべきことはわかっているのに、どうしてやらないのか？

借金にまつわる様々な情報をここに並べ立てることもできるが、お金に関する特有の心理をきちんと理解しない限り、どんな情報もあまり意味をなさない。だからこそ多くの人が情報としては知っていても、いまだに借金地獄にはまり、高額な手数料の悪質なカードを使い続け、多くの特典を見過ごしている。

彼らの行動を阻害する要因は何なのか？　それは知識ではない。もっと別のものだ。金融心理学の教授であるブラッド・クロンツ博士は、「お金にまつわる無意識の、代々受け継がれる信仰」を「見えざるマネー・スクリプト」という言葉で説明した。子どもの頃に親や社会から植え付けられ、今のあなたの行動に大きな影響を与えているものだ。

この信仰は極めて強力だが、そのことを自覚できれば、今の自分自身の行動をより深く理解できるようになる。次の表に挙げているのが、借金にまつわる最もありふれたマネー・スクリプトだ。

気が滅入るような内容だが、私はこの見えざるマネー・スクリプトがいかに強力であるのかを読者の方に理解してほしかった。

マネー・スクリプトはあなたに異常とも思える行動を取らせる。多くの人は自分のお金の使い方が間違っていることを自覚しながら、これまで通りの使い方を継続する。周囲の人から見ると、彼らの行動は奇異に映る。「借金を抱えてるんだろ？　なんで週末の旅行なんかに

クレジットカードとマネー・スクリプト

見えざるスクリプト	その意味するところ
「そんなに悪いことじゃないわ。みんなカードで借金を抱えている。少なくとも、ミシェルより借金の額は少ないの」	人間は自分を他人と比較したがるものだ。興味深いことに、より悪い状況に陥るほど、自分はそれほど悪くないと安心したいがために、比較すべき他人を必死で探す。比較したところで状況は変わらないものの、心理的な危機感は軽減される。
「たぶん買わない方がいいけど、100ドルなんて今の借金の額に比べたらたいした金額じゃない。たぶん……」	問題の規模が大きくなりすぎると、わずかな変化を「たいしたものではない」と正当化する（実際には、小さな変化の連続が大きな変化につながる）。借金にはまっている人と、肥満に悩まされている人の意思決定には多くの共通点がある。
「利息を払うのは、手数料を払うようなものだ」	これを「正常化」という。つまり、借金の利息を払うのはそれほど悪いことではないと考えるのだ。こんなセリフを吐きながら、14パーセントという金利の計算を理解している人にこれまで一度も会ったことはない。
「カード会社は君を罠に陥れようとしているんだ」	これは個人の決断の責任を相手になすりつけようとしているにすぎない。借金を抱える友人や家族に囲まれている人によくある考え方だ。確かに、カード会社はあなたに多くの手数料を払ってもらいたいと考えているが、そもそも借金にはまるような決断をしたのはあなたの責任でもある。あなた自身が責任を負えるようになるまで、カード会社は使い勝手の良い敵であり続ける。
「いくら借金があるのかすら把握してない」	より救いのないスクリプトだ。私の推測では、借金を抱えている人の75パーセント以上が、いくら借金があるのかを把握していない。現実があまりにも過酷なため、目を逸らしているのだ。問題と正面から向き合い、計画を立てることこそ真の強さだ。
「ただベストを尽くしているだけだ」	最も救いのない考え方だ。この人物は自分から変われるということを認めず、「自分では状況をコントロールできない」、「人生はなすがままだ」と言っているようなものだ。こうした言葉を発する人が変わるのは非常に難しい。

800ドルも使うんだ？」

ただ、人間は完全に合理的な生き物ではない。借金を抱える多くの人が郵送されてきた封筒を開けたがらない理由も、このマネー・スクリプトで説明できる。「請求書の封を開けろよ！　それをきちんと払うんだ！　そんなに難しくないだろ！」とあなたは言うかもしれない。ただ、20年以上もマネー・スクリプト（「請求書＝悪」）を信じ込み、心の襞《ひだ》に植え付けられたことで、それまでの考え方を変えることが困難になるのだ。本書の目標は、マネー・スクリプトが変えられることをあなたにお見せすることだ。

あなたが自分自身に信じ込ませている、借金にまつわるマネー・スクリプトは何だろうか？

いくら借金があるのかを知らない

「アメリカ人は自分にいくら借金があるのかすら把握していないようだ」とニューヨーク・タイムズ紙のビンヤミン・アッペルバウムは書いている。「クレジットカードで借金を抱えていると申告しているのは家計のたった5割だが、カード会社によると、実際には家計の76パーセントが借金を抱えている」。

にわかには信じられないことだが、私の経験から言っても、大半の人は自分がどれくらいの借金を抱えているのか把握していない。私は借金を抱えている人から、毎日数十通のメールを受け取る。彼らにいくら借金しているのかを訊いても、きちんと把握しているのは25パーセント以下だ。借金の返済日がいつか尋ねても、95パーセントは把握していない。

私は彼らに心から同情している。本当に不遇な人もいる。クレジットカードの仕組みを理解していない人もいる。複数のカードでローンを抱えている人もいる。彼らの多くは最善を尽くそうとしている。

ただ、私は計画を立てることなく、ただ不満を言うだけの人には同情できない。計画を立てるというのは、いくら借金があるのか、返済日がいつなのかをしっかりと把握しているということだ。ほとんどの人はこれすらできていない。

計画を立てることで、借金は熱い感情的問題から冷たい計算問題に変わる。私が講師を務めている授業で言うことは、「これは魔法ではない、簡単な計算だ」。事業を立ち上げることにも、借金を返済することにも共通して言えることだ。

計画を立てれば、あなた自身がコントロールできる。借金を完済するまでに3カ月かかるかもしれないし、10年かかるかもしれない。ただ、実際に計画し、本書を活用してその計画を自動化すれば、あなたはリッチな生活の実現に向かっていることを実感するだろう。具体的なやり方を、本書でこれから説明していく。

貯蓄と借金に関してよく見るネット上のコメント

私はインターネットの掲示板で、以下のようなやり取りを数えきれないほど見てきた。35歳時点、40歳時点、50歳時点で、それぞれどれくらいの貯蓄があるべきかについて書かれた記事が掲示板に貼り付けられると、資本主義や地政学、ベビーブーム世代などを批判する8000ものコメントが集まった。

有益なコメント：「収入の1割を貯蓄に回して、それから投資を始めれば……」
怒りのコメント：「(笑)！　貯蓄？　俺なんか段ボールの中で生活してるんだ！　貯蓄なんて夢のまた夢さ」（200万件の「いいね！」）
有益なコメント：「月に20ドルから始めてもいいよ」
怒りのコメント：「君は月に20ドル貯められるかもしれない。俺なんか年に50セントですらムリさ」
有益なコメント：「それは残念だね。とにかく、俺は貯蓄を始めたとき、その一部を投資に回した。8パーセントのリターンを仮定すると、数年後には……」
怒りのコメント：「8パーセント？？？(笑)！　8パーセントのリターンなんて最高だね。

俺は埋め立て地に投資したけど、9年間でリターンはたった0・000023パーセントだったよ。8パーセントね、うん、そうね」

有益なコメント：「S&P500はインフレ率を差し引いても平均で年率8パーセント上昇しているよ。インデックスファンドを使えば、直接S&P500に投資できるよ」

怒りのコメント：「え！　本当？　もっと知りたいんだけど、詳しいサイトのリンクを送ってもらえる？」

こうした人たちは掲示板でくだを巻いて、何十年も数千ドルの利息を払い続けている。にもかかわらず、パーソナル・ファイナンスに関する本を一冊も読んだことがない。反面教師にしよう。

○クレジットカードで借金まみれ

カードの借金地獄は、一夜にしてはまるわけではない。一歩ずつ足を踏み入れ、気がつけば抜け出せなくなっている。一度、地獄にはまってしまうと、自分の力では手に負えないように思えてしまう。テレビで「ドクター・フィル」（アメリカの人生相談番組）を見ていると、やるべきことは明らかなのに、どうして出演者が問題を解決できないのか不思議に思うはずだ。「そんな奴からは離れろ！　8年も仕事をしていないゲス野郎だ。君の目は節穴なのか？」

ところが自分自身の問題に置き換わると、答えはそれほど単純ではなくなる。何をすべきか？　日々のお金をどのように管理するのか？　どうして日を追うごとに状況は悪化するのか？　幸いなことに、クレジットカードの借金はきちんとした計画さえ立てれば、必ず管理できるものであり、規律ある行動が必要なだけだ。

今の時代、クレジットカードの借金ほど人々に罪悪感を抱かせるものはない。75パーセントのアメリカ人は、すぐに返済できる見通しがない限り、クレジットカードでは大きな買い物をしないと答えている。ところが実際の支出行動を見る限り、7割以上のアメリカ人がクレジットカードの支払いを翌月以降に繰り越しており、友人に利用残高を明かせる人は半数以下だ。

バンクレート社のチーフ・ファイナンシャル・アナリストであるグレッグ・マクブライドは、アメリカの消費者が自分の借金の金額を恥じていることを示唆するデータだと指摘し、「カードの利用残高を明かすくらいなら、彼らは自分のセックスライフについて明かしてくれるだろう」と語っている。

本当に？　セックスライフ？　もしあなたが該当するのであれば、連絡してほしい。興味のある独身の友人を何人か知っている。

恥じているということはすなわち、彼らはその狂気を止める術《すべ》を学んでいないということだ。そういう人たちが、無知で規律を守れない人々を食い物にするクレジットカード会社の餌食となる。カード会社が私たちからお金を搾取する戦術に長けている一方、私たちの方は彼らに抵抗するやり方を知らない。

例えば、クレジットカードをめぐる最大の過ちは、請求額をきちんと支払わず、残高を翌月以降に繰り越すことだ。驚くべきことに、クレジットカードで残高を抱えている1億2500万人のアメリカ人のうち、半数は月の最低支払額しか払っていない。確かに、少しの金額を払うだけで買い物できるという発想は魅力的だ。ただ、クレジットカードの金利は異常に高いため、その考え方が致命的な過ちにつながるのだ。

改めて言う。クレジットカードを有効に使うカギは、毎月きちんと請求額を全額支払うことだ。言い方がややカジュアルすぎるかもしれないが、非常に重要なことだ。もし1万2000ドルもの残高を抱えている友人がいたら、どうしてそんな金額になったのか訊いてみてほしい。おそらく肩をすくめて、毎月の「最低金額だけ支払う」ようにしているだけだと答えるだろう。

長々と論じるつもりはないが、利息を含め、最終的にいくら支払うことになるのかを把握することなく、クレジットカードで買い物を楽しんでいる人は非常に多い。クレジットカードで最低支払額しか払わないというのは、いじめっ子に登校初日に昼飯代を取られた子どもが、その後も小銭をジャラジャラと鳴らしながら登校し続けるようなものだ。痛い目に遭っても学習せずに、同じことが繰り返される。ただ、クレジットカードの仕組みをきちんと学べば、カード会社の罠を回避する方法を理解でき、借金の泥沼からいち早く脱け出すことができるだろう。

○借金を積極的に返済しよう

もしクレジットカードで借金——少額であれ、大きな額であれ——を抱えているのであれば、あなたは3つの損失を被っている。

- 第一に、高額な利息を支払っている。
- 第二に、信用が悪化する。家や車、マンションを買うためにローンを借りようとするたびに、金利が高くなるという悪循環に陥る。
- 第三に、おそらく最も大きな損失だが、感情にネガティブな影響を与える。あなたは借金の額に圧倒されて、請求書の封を開かないようになり、支払いは遅れ、さらに借金が膨らむという悪循環に陥る。

借金をなるべく早く返済するために、多少の犠牲は覚悟しよう。さもなければ、ダメージは日に日に大きくなる。決して先延ばしにしてはならない。100万ドルの宝くじが当たったり、問題を解決する十分な猶予が与えられるといった奇跡は起きない。あなたは3年前も同じようなことを言っていたはずだ！　状況を改善したいのであれば、借金の管理を最優先事項にしなければならない。

考えてみてほしい。金利が高いということは、利用残高に対して巨額の利息を払っているということだ。例えば、14パーセントの金利で5000ドルを借りているとしよう。もし愚かなダンが毎月、残高の2パーセントという最低支払額しか払わなければ、完済するまでには25年以上の年数がかかる。タイプミスではない。本当に25年以上かかるのだ！　完済するまでに、彼は合計で6000ドル以上の利息を支払うことになる。借りた額以上の金額だ。

もしあなたが怒りに震えているのであれば、それは正しい反応だ。こんな風に人々は死ぬまでカード地獄にはまっていくのだ。あなたはこんな風にはなりたくないはずだ。

賢いサリーは対照的に、借金にうんざりし、積極的に返済していくことに決めた。彼女にはいくつかの選択肢がある。もし毎月100ドル返済していけば、支払う利息の総額はおよそ2500ドルとなり、6年4カ月後に無事に完済できる。彼女のケースを見れば、最低金額以上に支払うべき理由がわかるだろう。さらなる利点もある。本書の第4章で説明する自動化システムとの相性も抜群なのだ。

愚かなダンvs賢いサリー
金利14%でクレジットカードの
利用残高5000ドルを返済する

愚かなダンは最低金額だけ支払う		
彼の毎月の支払い額は……	完済までの期間は……	完済までに支払う利息の総額は……
残高の2%（初月は100ドル）	25年以上	6,322.22ドル

賢いサリーは一定の額を支払う		
彼女の毎月の支払い額は……	完済までの期間は……	完済までに支払う利息の総額は……
100ドル	6年4カ月	2,547.85ドル

賢いサリーは支払い額を2倍に増やす		
彼女の毎月の支払い額は……	完済までの期間は……	完済までに支払う利息の総額は……
200ドル	2年6カ月	946.20ドル

賢いサリーがより積極的に返済する決意を固め、支払い額を月200ドルに増やした場合、利息の総額はたったの950ドルとなり、完済までの期間は2年半に短縮する。毎月の支払い額を増やすだけでこれだけの変化が見られるのだ。さらに積極的になって、月に400ドル支払えばどうなるだろうか？　彼女は1年2カ月で借金を完済できる。支払う利息はわずか400ドルだ。

月に200ドルは無理？　では50ドルなら？　もしくは20ドルでもかまわない。毎月支払う金額を少し増やすだけで、完済に必要な期間は劇的に短くなる。

自動的に毎月きちんと支払うようにして残高を減らしていけば、すぐに利息を支払う必要はなくなるだろう。その後は将来を見据えて、資産を蓄えていけるようになるのだ。クレジットカード会社から見ると、あなたは「デッドビート」〔もともとは借金を踏み倒す人という意味〕になる。期日通りに請求額を支払い、会社に利益をもたらさない顧客という意味で使われている業界用語だ。彼らの目から見ると、あなたは価値のない存在だ。一方で、私たちから見ると願ってもない状況だ。こうなるためには、まずは今抱えている借金を完済することを、何よりも優先しなければならない。

クレジットカードの借金を完済する4つのステップ

これまでの話で、できるだけ早く借金の泥沼から逃れる利点を理解できたはずだ。それでは、返済を始めるまでの具体的なステップをこれから見ていくことにする。本書は5週間のプログラムだが、もちろん借金を完済するにはそれ以上の期間が必要だ。もしあなたが借金を抱えている場合でも、借金の完済を待つことなく、このまま本書を読み進めてほしい。パーソナル・ファイナンスを自動化し、支出に対する意識を高めてもらうための大事な教訓が、本書の残りの章には書かれている。借金を完済しない限り、積極的な投資のステージに進むことはできない。うんざりするかもしれないが、これはあなたが借金を背負ってしまった代償だ。それでは、返済を始める具体的なステップを見ていこう。

1 いくら借金があるのかを把握する

信じられないかもしれないが、多くの人がこのステップを飛ばして、明確な戦略的プランもなく盲目的に借金を返済している。これこそまさに、クレジットカード会社が求めていることだ。あなたは彼らのポケットにお金を投げ入れているようなものだ。いくら借金があるのかを正確に把握することなく、完済するプランを立てることはできない。真実を直視することはつらいかもしれないが、歯を食いしばるしかない。あなたのカードの裏側に書いてある番号に電話して、いくら借りているのかを訊き、次の表にその金額を書き入れよう。

借金を把握する

カード会社の名前	借金の総額	金利・手数料率	月の最低支払金額

おめでとう！　この最初のステップは最もつらい作業だ。これであなたは、具体的にいくら借金があるのかを把握するリストを手に入れた。

2 どの借金から返済するのかを決める

すべての借金が平等ではない。カードによって課される金利は異なるため、借金を返済する順番にも影響してくる。借金の返済の仕方には主に2つの考え方がある。標準的な手法では、すべてのカード残高の最低支払金額を払いつつ、金利の高いカードにはより多くの金額を支払う。一方、デイヴ・ラムジーが推奨する雪だるまメソッドでは、すべてのカードの最低支払金額を払いつつ、残高の少ないものにより多くの金額を支払う。完済できるものから完済していこうという考え方だ。

どちらの手法が優れているのかをめぐり、業界内では熱い議論が交わされている。厳密に言うと、雪だるまメソッドは最も効率的なやり方とは言えない。残高の少ないカードの金利が最も高いわけではないからだ。ただ、1枚のカードの借金が完済されると心理的には大きなモチベーションにつながる。結果的に、ほかの借金も早く完済しようと思えるようになるのだ。

結論：どちらのメソッドを採用するのか決めるのに、5分以上かけてはいけない。とにかく一方を選んで、実行するのだ。大事なのは返済メソッドを最適化することではなく、借金の返済をすぐに始めることだ。

借金の優先順位をつける

	雪だるまメソッド： 残高の少ないカードから 返済する	標準的メソッド： 金利の高いカードから 返済する
やり方	すべてのカードの最低支払金額を払いつつ、残高の少ないカードにより多くの金額を支払う。最初のカードの借金を完済したら、次に残高の少ないカードに移行する。	すべてのカードの最低支払金額を払いつつ、金利の高いカードにはより多くの金額を支払う。最初のカードの借金を完済したら、次に金利の高いカードに移行する。
考え方	これは人間心理を利用した手法で、小さな勝ちを重視する。最初の借金を完済できれば、次の借金も完済しようというモチベーションが高まる。	これは数学的な考え方を重視した合理的手法で、最も出費の大きい借金から最初に完済しようという考え方だ。

3 返済のための原資を決める

借金を返済する上で障害となるのが、返済のための原資を決めることだ。カード間で残高を移行させるべきだろうか？　年金口座に回している資金や普通預金口座のお金に手をつけてもいいのだろうか？　毎月、いくら返済すべきだろうか？　これらの問いに答えるのは容易ではないものの、ここでくじけてはならない。

- **カード間の残高移動**。多くの人は金利や手数料率の低いカードに残高を移行することを考えるが、私はあまり好きではない。数カ月は楽になり、いくらか節約にもつながる。ただ、弥縫《びほう》策にすぎない。単に金利を下げたところで、根本的な問題（通常はあなたの支出行動）は解決されていないのだ。また、残高移動のプロセスにはカード会社による罠が仕掛けられており、実際に残高を移行させた私の知人たちは最善の方法を調べるのに、返済自体よりも多大な時間と労力をかけた。
- **年金に回す資金や持ち家を担保にするローンに手をつける**。私はいずれの選択肢も勧めない。あなたは今、状況をシンプルに整理しようとしている。より複雑にしようとしているわけではない。クレジットカードの借金を抱えている人は、根本的な問題である支出行動を改めない限り、これらの資金に手をつけても結局、新たな借金を抱えることになる。カードの借金を返済するために不動産を担保にするローンに手をつければ、より多くの借金を抱え、持ち家を失うリスクも抱えることになりかねない。

- **支出を減らし、返済を最優先にする。** 借金を返済するための最も持続可能な方法は、最もセクシーなやり方ではない。前述の2つと違い、借金を返済するために支出を減らすというのはそれほどワクワクするものではないが、現実的にはこれが一番うまくいくやり方だ。

1つ質問させてほしい。現状では稼いだ100ドルのうち、いくら借金の返済に当てているだろうか？　2ドル？　それとも5ドル？　多くの人は借金をいち早く返済するために、それほど支出を減らす必要はない。不要なものを買ってしまう悪習を断ち、より高い意識を持って借金の返済を優先し、返済の自動化を進めるだけで十分だ。クレジットカードの借金を返済するのは確かに容易なことではない。ただ、すでに多くの人がやり遂げたことだ。

本書を読んでいる間はトレジャー・ハントに出かけるつもりでいてほしい。特に以下の部分は集中して読むようにしよう。

- 23ページの「30日で1000ドル貯めよう」チャレンジ

- 129ページの意識的支出プラン
- 168ページの「次の100ドル」コンセプト
- 170ページの自動化システム
- 〈iwillteachyoutoberich.com/bonus〉の追加コンテンツ

私が楽して借金を返済するための秘訣や、聞き心地の良い言葉を並べているわけではないことに気づくだろう。なぜなら、そんなものはこの世に存在しないからだ。もしあるのであれば、本書で真っ先に教えているはずだ。

借金を返済するために必要なのは、計画性と忍耐だけだ。最初の数週間は苦痛を感じるかもしれないが、毎月、借金の額がどんどん減っていく様を想像してみてほしい。その先には、借金から解放された世界があなたを待っている！　全エネルギーを投資とリッチな生活に注ぐことができるのだ。

4 とにかく始めよう

来週までに借金の返済に回す金額を増やしておくべきだ。もしそれ以上の日数がかかるのであれば、あなたは考えすぎだ。85パーセントの法則を思い出してほしい。目標は返済するための最適な方法を隅から隅まで調べ尽くすことではない。すぐに行動に移すことだ。計画の中身や毎月の返済額はいつでも微調整できる。

第1週のアクションステップ

[1] **クレジットカードを契約する。**すでに保有している場合は、カード会社に電話して、手数料が無料であるかどうか確認しよう。もし新しいカードが欲しいのであれば、自分に一番合ったカードをインターネットで調べてみよう。

[2] **カードを有効に活用できているか確認しよう。**クレジットカードの請求額が毎月、自動的に全額支払われるよう設定しよう。

[3] **カードで借金をしていたら、すぐに返済を始めよう。**明日ではない、来週でもない。今日だ。借金がいくらあるのか把握し、今よりも多く返済できるよう設定しよう。いち早く借金を完済するというのは、あなたのパーソナル・ファイナンスにおいて最も優れた決断だ。

第2章

投資の準備を始めよう

口座を開き、
数千円から
投資を
スタートする

インド人の親は普通の親とは違う。学校からオールAの成績表を持って帰ってきたときに何が起こるのか、知り合いのインド人の子どもに訊いてみてほしい。彼らの親は思いっきり抱きしめてくれるものの、すぐに眉をひそめてこう言うだろう。「ヴィジェイ、すばらしい成績ね。でも、これはどういうこと？　どうしてAマイナスが1つあるの？」

ご想像通り、子どもに対して親がこうしたアプローチを取ると、その子どもの世の中に対する見方は少しねじ曲がってしまう。私もいつか自分の将来の子どもに、同じことをしてみたいと思っている。まだ生まれていないにもかかわらず、私はすでに自分の子どもに失望しているのだ。

こうした育てられ方をしてきたため、私は読者の方がせっかくパーソナル・ファイナンスについて考えてくれるようになったときにも、6秒間だけ喜んで祝うものの、すぐに腹の中ではまだ努力が足りないと批判してしまう。

『ビッグミステイク――レジェンド投資家の大失敗に学ぶ』の著者であるマイケル・バトニックは次のように書いている。

「56～61歳のアメリカ人の年金口座の残高の中央値は2万5000ドルだが、これは1980年から株式60％／債券40％のポートフォリオを組んで月に6ドル投資するだけで達成できる金額だ」

読者の皆さん、このゲームに勝つのはそれほど難しくない。本章を読み終える頃には、あなたはゲームに勝っているだろう。工夫をこらして節約したり、金利の高い預金口座にお金を預けるだけでは十分ではない。残念なことに、最低限のこと――例えば、倹約に努めて、月に100ドルをインターネット銀行の口座に預ける――だけしたところで、それほど大きな成果は得られない。

金利の高い銀行口座にお金を預けたところで、十分なリターンを得るまでには途方もない年月を要する。単刀直入に言うと、預金だけでは十分ではないのだ。お金にしっかりと働いてもらって、預金口座よりも稼いでもらう必要がある。投資こそが最良の方法なのだ。アルバート・アインシュタインは、「複利こそが人類最大の発明である。富を確実に、計画的に増やすことができるからだ」と述べている。

大多数の人のように預金口座でわずかな利息を稼ぐのではなく、投資をすれば、長期的には年率およそ8パーセントのリターンが見込める。20世紀の100年間、米国株式市場の平均年率リターンは11パーセントだった。3パーセントのインフレ率を差し引いても、8パーセントの実質リターンになる。

例えば、あなたが35歳の時点で1000ドルをどこかに投資でき、預金口座の金利が3パーセントで、投資をすれば長期的に8パーセントの実質リターンが見込めるとする。

もし預金口座に1000ドル入れれば、30年後にはいくらになっているだろうか？ 名目上は2427ドルになっているが、インフレによって実質的なリターンは相殺される。見た目は十分なリターンに見えるものの、インフレを考慮に入れるとあなたの購買力は30年前とそれほど変わっていない。

ところが、そのお金を投資に回せばどうなるだろうか？　30年後には、1万ドル以上――10倍以上だ――になっている。インフレ率を差し引いても、驚くべき成果だ。一度の投資で、これだけの成果を得られるのだ。

投資はリスクがあるように思えるかもしれないが、実際は痛みのないものだ。本章を読み終える頃には、あなたは投資口座を開設しているはずだ。何に投資するのかを、まだ考える必要はない。その点については、第6章で詳しく説明する。本章では、資金を投資口座に自動的に回せるよう、正しい口座の開設の仕方を学んでいく。

なぜあなたの友人はまだ投資を始めていないのか

先に進む前に、どうして若い人が投資をしていないのか、その理由について少し見ていくことにする。その理由を理解できれば、あなたもミレニアル世代の専売特許とも言える、他人の批判ができるようになるだろう。

友人にいくら投資しているのか訊いてみてほしい。彼らはおそらく「何言ってるの？」、「投資するほど稼いでないよ」などと答えるはずだ。「株の選び方なんてわからないよ」との声も耳にするだろうが、投資とは必ずしも個別銘柄を選ぶことではない。そう考えると皮肉な答えだ。一部の人は確定拠出年金制度——年金口座の一種——に加入しているかもしれないが、やっていることはせいぜいその程度だろう。

401Kに関する3つの驚くべき真実

401K（アメリカの確定拠出年金制度）は投資口座の一種で、後で詳述するが、この制度には非常に大きなメリットがある。以下が401Kに関する驚くべき真実だ。

- 401Kに加入しているのは、有資格者のたったの3分の1。
- 年収5万ドル以下の人のうち、96パーセントが掛金の限度額を投資していない。
- 5人に1人しか、会社が掛金の半額を負担する制度を限度額まで利用していない。会社負担は文字通りタダのお金だ。8割もの従業員が毎年、数千ドルをみすみすドブに捨てている計算になる。

投資をしないもう1つの理由はおそらく、損を出すことを恐れているからだ。投資をしなければ、老後資金が足りなくなるのは「確実」なのに、株式市場で損を出す「可能性」を恐れている。なんとも皮肉な話だ。「国勢調査によると、多くの高齢者は亡くなることよりも老後資金がなくなることを恐れている。その結果、一部の高齢者はお金のかかるライフスタイルを捨て、キャンピングカーで全国を渡り歩き、時給ベースの、福利厚生のない季節労働者として働いている」とワシントン・ポストは報じている。

人々はリスクに対して、独特の考え方を持っている。本来は心疾患を恐れるべきなのに、サメに襲われて亡くなることを恐れている。卵や鶏肉のセールがあると喜ぶ一方、株式市場が下落すると、それを悪いことだと考える（長期投資家は株式市場が下落したら喜ぶべきだ。同じ金額でより多くの株式を買えるのだ）。

誰もが投資のやり方を熟知しているわけではない。そこが問題だ。お金の運用に関して人々が陥りがちなのが、何もしないという状況だ。私は若い人にお金について話すようになり、いくつかの結論に達した。第一に、私は基本的に彼らが嫌いだ。第二に、彼らは3つのタイプ、A、B、Cに分類できる。

Aはすでにお金を運用しており、運用を最適化したいと前向きに考えている。Bが最大のグループなのだが、彼らは何もしていないものの、彼らのモチベーションさえ理解できれば、

年配者は投資しなかったことを後悔している

年齢	401Kの残高の中央値	私の意見
25歳未満	1,325ドル	料理することのないレシピを紹介する料理番組を見るのに忙しすぎる。
25～34歳	8,192ドル	ようやく貯蓄を始めるものの、その真の価値をまだ理解していない。
35～44歳	2万3,491ドル	貯蓄が大切であることを理解し始める。
45～54歳	4万3,467ドル	バック・トゥ・ザ・フューチャー2に登場したビフのように、昔にタイムスリップして、貯蓄に努めなかった若い頃の自分を殴りたいと思う。

行動を改めることができる。Cは全く成功の見込みのない、無知な人々だ。理論的には彼らのやる気を促すことは可能だが、お金の運用の優先順位がかなり低い彼らにその重要性を理解させるのは非常に難しい。

確かに、置かれている環境が制約になっている人もいるが、ほとんどの人はお金に対する心構えや具体的な行動の無さが原因で、リッチになることができない。実際、20代のほとんどの人はBに該当する。良くはないが、悪くもない。野心的な投資目標を設定する十分な時間的猶予は残されているものの、具体的な行動に移さない限り、着実にCに向かっていく。あなたは絶対に、そうなってはいけない！

どうして私たちの多くは、お金に対する心構えが足りないのだろうか？　教育のせい、情報過多のせい、メディアのせい、もしくは単純な興味の欠如。いずれの理由も説得力を持ち得るが、どういった理由であれ、若い人が投資を十分に行っていないという事実は明らかだ。

自己啓発ビジネスを行うことで学んだことが1つある。投資であれ、デンタルフロスであれ、起業であれ、私たちは誰しもやるべきなのにやらない理由をいくつも並べる。時間がない、お金がない、どこから手をつけるべきかわからない。実際は複雑な理由などない。ただ、やりたくないだけだ。

もしあなた自身にお金の仕組みについて学ぼうという意欲がなければ、私が何を言おうと無

見えざる投資スクリプト

見えざるスクリプト	その意味
「株の銘柄は多すぎるし、売買の方法も多様だし、いろんな人がいろんなアドバイスをしてくる。頭がこんがらがるよ」	まさに「複雑さを言い訳に、行動を取りたくない」状況と言える。ダイエット、運動、着こなし方、子育て。新しい話題は頭がこんがらがるものだ。ただ、避けることが正しい反応ではない。情報を絞り、学習を始めるのだ。
「いつも高値で買っているような気がする。相場がピークのときに買い向かうやつにはなりたくないよ」	この人物は頭ではマーケットのタイミングをはかるのは不可能だとわかっているものの、真に理解しているとは言えない。毎月、自動的に投資すれば、そうした問題は解消される。
「投資先がいろいろ（不動産、株式、仮想通貨、コモディティなど）ありすぎて、まだ投資を始めていない。投資すべきなのはわかっているけど、株はコントロールできない気がするんだ」	皮肉なことに、この人物はコントロールすることで投資リターンが改善できると信じている。実際は、コントロールしない方が投資リターンは改善する。平均的な投資家は高いときに買い、安いときに売り、売買を頻繁に行うことで（課税される）、かなりのリターンを失っていることをデータは証明している。コントロールしたいと思っているものの、実際はコントロールできていないのだ。済んだことは忘れよう。
「知識や経験不足で、苦労して稼いだお金を失いたくない」	皮肉なことに、投資をしないことで、あなたはお金を日々失っている――インフレによって。あなたは70代になるまでそのことに気づかない。そのときにはすでに遅すぎるのだ。
「手数料がかかりすぎるよ。投資金額が少ないときは、売買手数料がリターンを大きく損なうんだ」	人々が「投資＝株の売買」と考えているのは非常に不思議だ。愚かなCMやアプリがこの考え方を広めている。私のアドバイスに従えば、投資の手数料はかなり低く抑えられる。
「コーヒーを買うときはラージではなくスモールにして、1日にXドル節約してるんだ。大人になってるってことだよね？」	あなたは孤独に死んでいくだろう。

駄だ。誰かを雇って代わりにやってもらえばいい。両親と同じようにすればいい。目の前の問題を無視して、いつか解決されると願えばいい。そのいずれも、私はお勧めしない。

金融機関はある興味深い現象に気づいた。人々は40代に突入すると、貯蓄すべきだったことに急に気づくのだ。その結果、アメリカ人の一番のお金の悩みは、リタイア後に備えた貯蓄が十分にできていないことだ。最近のギャラップの調査によると、半数以上のアメリカ人がリタイア後に備えて十分なお金を貯めていないことに不安を感じているという。

両親に、何に最も不安を感じているか尋ねてみてほしい。彼らの答えは間違いなく「お金」だ。一方で、私たちも両親を反面教師とすることなく、同じようにパーソナル・ファイナンスに十分な注意を払っていない。

○退屈な真実

宝くじを当ててリッチになる計画を立てるのは簡単だが、リッチになるための現実的なルートはもっと単純だ。アメリカの億万長者のうち、3分の2は自分の力で億万長者になっており、彼らの両親は決してお金持ちではなかった。支出をコントロールし、規則的に投資をし、一部の人は起業することで大きな富を蓄えた。宝くじを当てることほどセクシーではないが、より現実的なルートだ。

USトラストが億万長者に対して行った最近の調査によると、「83パーセントの富裕層は大きなリスクを取らず、小さな勝ちを積み重ねることで多額の投資利益を得た」と答えている(注：これはコーヒー代をケチるということではない。投機的なリスクを取るのではなく、規律ある貯蓄や投資など、一貫した意味のある行動を続けるということだ)。

彼らの富の大きさは、彼らが毎年稼ぐ金額で測られるわけではない。これまでにどれだけ貯蓄し、投資したかによって測られる。つまり、貯蓄と投資を長い間続けることで、年収5万ドルのプロジェクト・マネジャーが年収25万ドルの医者よりも多くの純資産を築くことができるのだ。

アメリカ特有の文化は、お金を投資する上ではプラスに作用しない。セレブの生活やインスタグラムの投稿を見れば、リッチになるとどういった生活が送れるのかがわかる。一方で、リッチに至る過程については誰も教えてくれない。この種のエンターテインメントが人気になることで、私たちの行動にも影響を与えている。

米国心理学協会によると、現在のアメリカ人は1950年代と比べて、外食の回数は2倍に増え、保有する車の台数も2倍に増えたものの、幸福度は下がっているようだ。大画面のテレビやスマートフォン、電子レンジなど多くの機器を保有しているものの、満足度の高い生活にはつながっていないのだ。

若者の5人に1人が
宝くじでリッチになれると考えている

信じている若者の割合	リッチになるための手段	私の意見
21%	宝くじで勝つ	そんなやつは嫌いだ
11%	遺産相続	そんなやつは嫌いだ
3%	保険金	お金について学ぶことこそが最大の保険では?

ニュース番組やインターネットのサイトなど、経済に関する情報源はあふれているものの、お金の運用に関しては全く成長が見られない。むしろ不安感が強まっている。高収入の人でさえも、お金を正しく運用できていない。サントラスト・バンクスの調査によると、年収10万ドル以上の人のおよそ4人に1人がその日暮らしの生活を送っているという。

いったい何をやっているのだろうか？　私たちは毎年のように新年の誓いを立て、今年こそはと自分を奮い立たせている。まるでアプリが問題を解決してくれるかのように、新しいアプリをパソコンやスマートフォンにダウンロードしている。まるで貯蓄と投資の大切さが十分に啓蒙されていないかのように、教育こそが解決への道だと話している。残念ながら、情報だけでは十分ではない。あなたはすでに、複利について知っているはずだ。もし必要なのが単に情報であれば、すでに見つかっているはずなのだ。

真の問題はあなた自身だ。そして、問題を解決できるのもあなただけだ。あなたの心、あなたの感情、見えざるスクリプト、それらすべてが原因なのだ。お金に関してあなたがなぜそのような行動を取っているのか、その根本原因を理解しない限り、あなたがどうして変わりたいのか、その理由をはっきりさせない限り、どんな有益な情報を得ても役には立たない。

絶対に貯蓄や投資なんかできるわけがないという愚痴を、これまでどれだけ多くの人から聞いてきただろうか？　ある意味、こうした無力感は病みつきになる。「はっ？　投資だって？　無理に決まってるよ。俺にはどうしようもないんだ。ベビーブーム世代のせいで俺の人生は無茶苦茶だ」。もしあなたのスケジュール帳とお金の使い方を私に見せてくれたら、10分であなたがやるべき優先順位を教えることができる。

多くの人はお金に対してナイーブで、思い違いをしている。あなたはその輪に入る必要はない。私はあなたに実際に投資が可能であることを理解させることができる。月に50ドルかもしれない。5000ドルかもしれない。私はどちらも経験した。それだけの金額を投資するためには何をすべきかを教えられる。今から10年後――もしかしたら3カ月後かもしれない――、あなたの投資口座には十分な資金があり、毎月、自動的に増えていくだろう。あなたが寝ている間に、お金が増えていくのだ。奇跡のように宝くじが当たるのを待つのではなく、投資口座を賢く利用してリッチになろう。

◦投資こそがリッチになるための唯一最強の方法

株式市場とは、これまでの歴史上で最も強大なお金を生み出す機関だ。投資口座を開設することで、あなたはその機関へのアクセスを得ることができる。口座を開設することは投資を始めるにあたり最も重要な第一歩だ。口座を開設するのに、リッチである必要はない。

今すぐ投資を始めよう……
若返ることはないのだから

もし5年前に週10ドルの投資を始めていたら、どうなっていただろうか? 今はいくらになっているだろうか? 答えは、数千ドルだ。1日に1ドルちょっと投資するだけで、それだけの資産を得られるのだ。仮に投資に回さなくても、その10ドルはおそらくウーバーや外食で消えていたはずだ。株式市場はボラティリティが大きいものの、長期的な視点を持って、すぐに投資を始めることが常に最良の選択なのだ。

もし週にこれだけ投資すれば……	1年後には……	5年後には……	10年後には……
10ドル	541ドル	3,173ドル	7,836ドル
20ドル	1,082ドル	6,347ドル	1万5,672ドル
50ドル	2,705ドル	1万5,867ドル	3万9,181ドル

＊年率8%のリターンを想定

パーソナル・ファイナンスの4つのステップ

以下が投資を始めるための4つのステップだ。段階的な手順であるため、きちんと最初のステップを終えてから、次のステップに進もう。もしステップ4まで進めなくても、心配する必要はない。とりあえずベストを尽くそう。

第4章では、投資を自動化する方法について説明する。自動化できれば、年に数時間の作業だけで、自動的にお金がお金を稼いでくれるようになる。絶対に忘れないでほしいのだが、口座を開設して実際に投資を始めることが最も大切なステップだ。

ステップ1：もしあなたの会社が企業型確定拠出年金のマッチング拠出（会社が拠出する掛金に上乗せして、個人で掛金を拠出できる制度）を採用しているのであれば、限度額（会社の掛金を上回らず、会社と個人の掛金の合計は月5万5000円以下に抑える）まで拠出しよう。個人の掛金は全額、所得控除の対象となるため、所得税と住民税を軽減できる節税効果がある。また、運用益も全額非課税となるほか、リタイア後の受け取りの際にも税制優遇を受けられる。

ステップ2：自営業者やフリーランスの方、もしくは会社員でもステップ1のマッチング拠出を利用できない人は、個人型確定拠出年金口座（iDeCo＝イデコ）を開設しよう。個人の属性（自営業か会社員かなど）によって掛金の上限額は異なる（例えば、自営業者であれば月6万8000円）ので、各自で調べてほしい。企業型確定拠出年金と同様に掛金と運用益が全額、非課税となるほか、リタイア後の受け取りの際にも税制優遇が受けられる。企業型確定拠出年金のマッチング拠出とイデコの併用はできないため、注意が必要だ。

ステップ3：クレジットカードの借金を含め、あらゆる借金を返済しよう。クレジットカードの借金の金利は年率14パーセントにもなる。カードの借金を返済するだけで、即座に大きなリターンを得られる計算だ。返済する方法に関しては、第1章の71ページを参照してほしい。

ステップ4：まだ投資できる資金の余力が残っているのであれば、税制優遇のない普通の証券口座を開設し、できる限り資金を投資に回そう。詳細に関しては、第6章を読んでほしい。また、毎月の住宅ローンの繰り上げ返済をするほか、自己投資についても考えてみてほしい。起業するにしても、新たな学位を取るにしても、自分のキャリアへの投資以上にリターンの大きな投資はない。

確定拠出年金制度について習熟しよう

企業型確定拠出年金制度は多くの企業が従業員に提供しており、大きな税制上の優遇措置がある制度だ。原則として、60歳になるまで資金を引き出すことはできない。掛金は、企業が直接拠出するため、あなたが給与明細で金額を見ることはない。口座を開設した暁には、あなた自身がいくつかの選択肢の中から投資するファンドを選択して運用していくことになり、資金は毎月、自動的に積み上がっていく。

企業型確定拠出年金のメリットについて、少し詳しく見ていこう。

メリット1：所得控除を受けられる。確定拠出年金では、長期投資をする見返りに大きな税制上の優遇措置を得られる。拠出する掛金は所得控除の対象となるため、より多くの資金――通常は2～4割増――を複利の成長に回せるのだ。

通常の証券口座と比較してみよう。（NISAを除く）通常の証券口座に資金を入れる場合、税制上の優遇は得られない。あなたが100ドル稼いだとすると、所得税率の区分にもよるが、通常は20～30ドルが所得税として引かれ、投資に回せるのは70～80ドルだけだ。

一方、確定拠出年金は違う。掛金が所得控除を受けられるため、100ドルすべてを投資に回せ、30年以上の期間、増やしていくことができる。確かに、60歳になって年金を受け取る際には税金がかかるものの、積み立てる時点での20～30ドルの差は、長期にわたる複利の力を得て、リタイアする頃には大きな違いを生み出している。

メリット2：自動積み立て。企業型確定拠出年金では、あなたが何もしなくても自動的に口座に掛金が積み立てられる。通常は給与明細で金額を確認することがないため、自分の給与として意識することはない。まさに無意識に投資を続けられる、心理学的なテクニックの良い例だ。無意識に投資できることのメリットの大きさを証明する研究結果は続々と出ている。

○確定拠出年金に関するよく聞く不安

年金を受け取る際には税金を払う？ 答えはイエスだ。60歳以降に積み立てた資金を受け取る際、税金を払わなければいけない。ただ、すでに30～40年もの期間、非課税で利益が積み上がっているため、それほどネガティブに捉える必要はない。確定拠出年金制度を使って投資すると決めたからこそ、20～30パーセントほど余分な資金を投資に回せたのだ。受け取る方法は、一時金として一括で受け取る方法と年金として定期的に受け取る方法、もしくはその併用がある。一時金の場合は退職所得として分離課税され、年金の場合は雑所得として総合課税される。

転職したら？　確定拠出年金口座に入っている資金はあなたのお金だ。そのため、転職してほかの会社に移ったとしても、心配する必要はない。そのまま資金を移換することができる。もし転職先に企業型確定拠出年金の制度がある場合は、転職先の制度に加入すればいい。転職先に企業型確定拠出年金の制度がない場合は、新たに個人型確定拠出年金（イデコ）の口座を開設して、資金をその口座に移換しよう。

借金を完済する

パーソナル・ファイナンスの三番目のステップは借金を片付けることだ。クレジットカードの借金を抱えていない読者の方は、このステップを飛ばしてもらってかまわない。もしあなたがカードの借金を抱えている場合は、返済に本腰になろう。

簡単ではないし、セクシーでもないことはわかっている。新しい口座の開設方法や投資について学んでいるときに、借金の話をされるのは水を差されたような気分になるだろう。「なんで借金の話なんかするんだ？　借金を返済するよりも、投資の方でもっと稼いでやるよ」などと思うかもしれない。私はあなたがリッチになるための障害をすべて取り除くために、借金を返済するように勧めている。特にクレジットカードの借金は金利が法外だ。借金を完済する方法に関しては、71ページを参照してほしい。

証券口座を選ぶ際に考慮すべき要素

率直に言って、割安なネット証券の場合、ほとんどの証券口座に大きな違いはない。それぞれの証券会社の特徴を独自に調べてもらってもかまわないが、ほとんどのサービスはコモディティ化している。差別化するために提供されていたサービス——売買手数料が無料、24時間のカスタマーサービス、携帯アプリ、ウェブサイトの使いやすさなど——が、今では標準となっているのだ。

提供されている投資信託の数、先物などのオルタナティブ投資ができる口座を開設できるかどうかなど、詳細な比較をするために時間を費やしてもかまわないが、悪い決断をするよりも決断しないことで失うものの方が大きい。ベンジャミン・フランクリンがかつて述べたように、「きょうできることを明日に延ばしてはならない」。そしてラミット・セティが述べたように、「些細なことの議論は他人に任せよう。あなたがやるべきことはすぐに証券会社で口座を開くことだ」。

口座開設には1時間もかからない。すべてオンラインで手続きできる。もしくは会社に電話をすれば、必要な書類をすぐに届けてくれるだろう。

ロボアドバイザーはどう？

ロボアドバイザーという言葉を耳にしたことがあるだろうか？　コンピューターのアルゴリズムを使って、あなたの資金を運用してくれるサービスのことだ（ロボとは高額な専門家に代わって、あなたの資金を投資してくれるコンピューターのことを言う）。ロボアドバイザーは専門のアドバイザーの手からファイナンシャル・プランニングの仕事を奪い、市井の人にもそのサービスを手の届くものにした。ウーバーが便利な移動手段としてタクシーを代替したことは記憶に新しいだろう。ロボアドバイザーは投資業界で同様のことを成し遂げている。

ロボアドバイザーは最新のテクノロジーを使い、割安な手数料で投資先の推奨をしてくれる。ユーザーインターフェースも改善しており、オンラインで登録し、いくつかの質問に答えるだけで、数分で何に投資すべきかを教えてくれる。個々人に合わせたカスタマイズがなされており、自分の目標――いつ家を買いたいのかなど――を加えると、自動的にその目標に向かってお金を貯めることができる。

私はロボアドバイザーに関しては、強い持論がある。選択肢としては悪くはないが、そのサービスは決して手数料に見合うものではなく、それ以外にもっと良い選択肢があると考えている。例えば、私はロボアドバイザーではなくバンガードを利用しており、長年その会社のサービスで満足している。

それでは、これからロボアドバイザーの利点と欠点を説明する。読者の方にはその説明を参考にして、自分で判断してほしい。

ここ何年かの間に、ロボアドバイザーは以下の3つの理由で人気を集めた。

- **使いやすさ**。パソコンやスマホ上のインターフェースが見やすく、最低入金額が低いため、投資を始めるのも簡単だ。
- **安い手数料**。一般的に、フィデリティやシュワブなどあらゆるサービスを網羅する運用会社よりも初期の手数料が安い。
- **マーケティング戦略**。ロボアドバイザーはマーケティングに力を入れている。使いやすさなど正しい謳《うた》い文句もあれば、タックス・ロス・ハーベスティング――キャピタルゲインに対する課税を相殺するために、含み損のある資産を売却する――の採用など、眉唾物の謳い文句もある。

すでにお気づきのように、私は手数料の安い投資手法を広めることには賛同している。長期投資をすることはリッチな生活を送る上で不可欠だ。複雑な手続きをなくし、投資を始める上でのハードルを下げることは大歓迎だ。ロボアドバイザーは中期的な目標や長期的な目標に合わせたファイナンシャル・プランニングなど、すばらしいサービスを提供してくれている。

また、手数料ビジネスを行っている専門家が彼らを毛嫌いすることからも、そのサービスの質の高さは垣間見えるだろう。ロボアドバイザーはテクノロジーの力を利用して従来のアドバイザーの仕事を代替し、なおかつ安価だ。専門家らは自分たちの存在意義を正当化しようとしているものの、そのロジックに説得力はない。

顧客は一人ひとり異なるため、画一的なアドバイスではなく、それぞれに合ったアドバイスが必要だと専門家らは主張する（これは真実ではない。パーソナル・ファイナンスに関する限り、顧客が求めるものに大きな違いはない）。ロボアドバイザーはそうした批判にも対応し、電話で話せるファイナンシャル・アドバイザーを常駐させた。

また、ファイナンシャル・アドバイザーは自分たちは単なるリターン以上の価値を提供していると主張するが、それよりもまずＡＵＭ（運用資産残高）の一定割合を徴収する手数料から、時間当たりの手数料に改めてくれと言いたい。

ロボアドバイザーは、これまで無視されてきた顧客向けのサービスとして誕生した。デジタルネイティブで、上昇志向が強く、堅苦しいオフィスでファイナンシャル・アドバイザーから説教を受けるのを忌避する若者たちだ。銀行口座に眠っているお金の扱い方がわからないグーグルの社員を想像してもらえるとわかりやすい。ロボアドバイザーはそうした顧客に対する訴求力があった。

ただ、真の問題は「手数料に見合うのか」という点であり、私の答えはノーだ。手数料は、彼らが提供するサービスを正当化するものではない。人気のロボアドバイザーはすばらしいユーザーインターフェースを提供しているものの、私はそれにお金を払おうとは思わない。サービスが始まって以降、多くのロボアドバイザーが手数料を引き下げており、バンガードより安いところもあるが、問題点が2つある。

0・4パーセント以下の手数料でビジネスを継続しようとする場合、新しいより高額なサービスを提供しながら、巨額の資金——数兆ドルレベルの金額だ——を運用しなければならない。例えば、バンガードはベターメントの9倍、ウェルスフロントの10倍の資金を運用している。その規模の大きさがバンガードの競争優位となっている。新興のロボアドバイザーは急激にビジネスを拡大させない限り、安い手数料ではビジネスを持続できないため、代わりに手っ取り早い成長を求めるベンチャーキャピタルの資金に頼っている。

顧客を集めるために、ロボアドバイザーは投資の負の側面を強調するようなマーケティング戦略を採用し始めた。タックス・ロス・ハーベスティングを非常に重要なサービスであるかのように売り込んでいるのだ。これは自動車会社に例えると、トリプルコーティングを最も重要なサービスであるかのように売り込むために、数百万ドル投じているようなものだ。

確かに、タックス・ロス・ハーベスティングは長期的にはいくらかの節税につながるかもしれないが、節税効果は限定的だ。あった方がいいサービスとは言えるものの、大切な資産を預ける会社を選ぶという重大な決断を左右するほどのサービスではない。

また、一部のロボアドバイザーは手数料の高いサービスも売り込み始めた。2018年に、ウォール・ストリート・ジャーナルは以下のように報じている。

ウェルスフロントは手数料の高いファンドをサービスに追加した。「リスク・パリティ」と呼ばれるヘッジファンドでよく使われている戦略を再現するために、デリバティブを利用するものだ。

一部の顧客——消費者保護団体や競合他社もその輪に加わる——は即座にインターネットの掲示板で、手数料の高さやその仕組みの複雑さを批判した。また、自動的にそのファンドに資金を移されたとして、ウェルスフロントを非難した顧客もいた。

「自分の口座を見てみると、まさにその通りだった。私の同意を得ることなく、いつの間にか資金の一部が『リスク・パリティ』のファンドに移っていた」とウェルスフロントの顧客であるカリフォルニア州サン・ファン・カピストラーノ在住のシェリル・フェラーロは最近、ツイッターにつぶやいた。

「私はわざわざ会社に電話して、資金をそのファンドから元のファンドに戻してほしいと訴えなければならなかった。彼らに対する信頼が大きく揺らいだのは否めないよ」とフェラーロは私たちの取材に答えた。

これはある意味、事前に予想できた結果だ。ベンチャー・キャピタルに資金を頼り、手っ取り早い成長を求められると、絶対にこうなるのだ。より多くの顧客を集めるか、既存の顧客からより多くのお金を集めるか、この2つしか選択肢はないからだ。

私は個人的にはバンガードのサービスの方が優れていると考えているが、バンガードもロボアドバイザーも手数料を抑えながら、長期投資をするという点では共通しており、これらの運用会社に投資先を絞った時点で、あなたは最も大切な決断を済ませたと言える。バンガードであろうが、ロボアドバイザーであろうが、ほかの手数料の安いパッシブ運用の会社であろうが、大差はない。とりあえずその中から1つ選び、前に進もう。

おめでとう！

少しだけ自分を褒めてあげよう。あなたは無事にパーソナル・ファイナンスの世界に足を踏み入れ、お金を増やすためのシステムを立ち上げ始めている。投資口座を持つということはすなわち、お金を増やすことを真剣に考え、短期的な貯蓄と長期的な投資を区別し始めているということだ。投資口座に入金した50ドルはほんの小さなステップに思えるかもしれないが、あなたがこれから投資する50ドルの中で最も意義のある50ドルと言えるだろう。

第2週のアクションステップ

1 勤めている会社の企業型確定拠出年金制度で、掛金を上乗せできるマッチング拠出が採用されている場合、限度額まで掛金を上乗せしよう。

2 マッチング拠出が採用されていない場合は、イデコの口座を開設し、限度額まで拠出しよう。

3 クレジットカードの借金を含め、あらゆる借金を返済しよう。

4 まだ投資に回せる資金が残っているのであれば、一般的な証券口座を開設し、できる限り資金を入れよう。

第3章

お金に対する意識を変えよう

好きなものをケチらずに、月に数万円を貯める方法身につけているベルトや靴を見るだけで、その人となりを判断できると言う人が時々いるが、私はバカげた考え方だと思っていた。つけているイヤリングを見るだけで、その人のスープの好みがわかるだろうか?

だが最近は、自分が間違っていることに気づいた。人の本当の性格を見極めることができる普遍的な方法が、1つだけあることがわかったのだ。それは鶏の手羽を私たち移民のようにきれいに食べ尽くせるかどうかだ。

私はスポーツにあまり関心がないため、アメリカン・フットボールのスーパーボールが開催された日曜日、手羽巡りを敢行した。パブ巡りの手羽バージョンだ。すると、友人と手羽を食べる醍醐味は、彼らがどれくらい手羽の身を食べ残すのかを見ることであるとすぐに気づいた。半分ほど身を残したまま、すぐに次の手羽に手をつける友人もいた。こういう友人とは、私は二度と口を聞かなかった。

一方で、身を食べ尽くして骨までしゃぶる人もいた。そうした食べ方から2つのことが読み取れる。彼らがほかの国から来た移民であるということ、そして将来、人生のあらゆる面で大きな成功を収めることができるということだ。私の両親のような移民は、手羽を食べるときに絶対に身を残さない。そして私たちは皆、彼らから学べることがある。

手羽を骨までしゃぶり尽くす人は最近では珍しい。ほかの国の人が住宅ローンの返済に使う以上のお金を、私たちは携帯電話に使っている。祖父母が買った車より高い靴を、私たちは履いている。にもかかわらず、支出が合計でいくらになるのかすら、私たちは正確に把握していない。請求書の封を開いて肩をすくめ、「こんなに使ったかな？」などと言ったことが、これまで何度あっただろうか？　何かを買うときに罪悪感を抱く——でも、結局は買ってしまう——ことが、これまで何度あっただろうか？

本章では、無意識にお金を使わないようにする方法についてお話しする。斬新かつシンプルなお金の使い方を紹介するつもりだ。お金を何に使ったのかについて、毎月のように頭を悩ませる悪い習慣はそろそろやめよう。本章を読めば、あなたは投資や貯蓄、好きなことにお金を使えるようになるだろう。

ちょっと待った！　予算について説明する章だと勘違いして、本をここで閉じてはいけない。本章の目的は、あなたに細かい予算を立てさせることではない。私は予算が好きではない。「予算を立てる」というのは、人類の歴史の中で最悪の言葉だ。

「予算を立てましょう！」というのは、パーソナル・ファイナンスの専門家が提供しがちな無意味なアドバイスだ。普通の人は予算を推奨する本や記事を目にすると、生気を失う。誰がいちいち細かく支出を把握したいのだろうか？　中には実際に挑戦する珍しい人もいるが、1セント単位で支出を把握することは恐ろしく手間がかかるため、2日ほどであきらめるのがオチだ。

バンクレート社の2015年の調査によると、アメリカ人の82パーセントが予算を立てていると答えている。明らかにおかしな調査結果だ。自分の周りを見てほしい。10人中8人も予算を立てているだろうか？　10人中8人もの人が、私たちが生活しているこの惑星の名前を言えるかどうかすら怪しいのに。

エコノミック・ポリシー研究所の生活水準プログラムのディレクターであるジャレッド・バーンスタインは、「おそらく希望的観測が入り混じった回答だ。4分の3の回答者が毎月の予算を立てるべきだと考えている、というのがおそらく正確な言い回しだろう」と説明している。

過去50年以上もの間、予算はパーソナル・ファイナンスの専門家にとってまさに戦場だった。予算を立てることが論理的に正しく思えるという理由だけで、彼らは支出を細かく把握することを万人に強要した。ただ、そこには1つだけ問題があった。誰ひとり実行に移さないのだ。

お金を使わずに貯蓄に回そうと推奨したところで、ほとんどの人は何から手をつけていいのかわからない。手足の短いアンキロサウルスにジグ〔飛び跳ねながら踊るダンス〕を踊るよう説得する方がまだ簡単だ。

予算がうまくいかないことは、すでに歴史が証明している。予算についてはきっぱりと忘れてしまおう。その代わりに、意識的支出プランを作成しよう。

もし毎月十分なお金を貯蓄と投資に回しながら、残ったお金を罪悪感を抱くことなく何にでも好きなことに使えたら、どうだろうか？　少し努力するだけで、可能なことだ。唯一難しい点は、何にお金を使うのか、あらかじめ計画しておかなければならないということだ。好きなことにお金を使えるようになるのであれば、たとえ準備に数時間かかっても納得できるだろう。それだけで貯蓄と投資を自動化でき、あなたの支出判断は非常に明快なものになる。

ケチな人と意識的にお金を使う人との違い

少し前のことだが、私が友人とどこに旅行に行きたいか話し合っていたとき、友人のひとりが驚くような発言をした。「君はおそらく認めないだろうが、僕はカリブ海に行きたいんだ」。

えっ？　どうして彼は私がカリブ海を認めないと思ったのだろうか？

私は時々、友人や知り合いからこうした発言をされる。私がお金についてブログや本を書いていることを知ると、彼らはお金の使い方を基準に自分たちが判断されると思ってしまうようだ。

パーソナル・トレーナーをしている何人かの友人に、食事中に同じようなことを言われた経験があるか訊いてみた。「君の前で注文するとき、君に謝る人がいないだろうか？」

彼らのひとりは私を見てこう言った。「毎度のことだよ。彼らが何を注文しようが気にしないのにさ！　僕はただランチを食べたいだけなんだ」。

私の友人は「くだらないもの」にお金を使うと、私が心の中で彼らをネガティブに評価すると感じているようだ。つまり、パーソナル・ファイナンスについて書いている人は、自動的に「お金がかかることはしてはならないと講釈を垂れる」人間だと見なされてしまうのだ。

実際は、私は罪悪感を抱かないやり方で好きなことにお金を使う方が好ましいと思っている。ファッションが好きだから、400ドルのブルネロ・クチネリのTシャツを買いたい？ 素敵なお金の使い方ではないだろうか。

もしあなたが過ちを犯したときには、私はあなたを非難するだろう。400ドルかかる7日間のジュース・クレンズ〔ジュースのみを栄養源として、ほかの固形物の摂取を断つ健康法〕で本当にダイエットできると信じているのであれば、あなたはまぬけだ。

ただ、私はカフェラテにお金を使わないよう、うるさく言うつもりはない。私自身は外食や旅行にたくさんお金を使うが、罪悪感を抱くことはない。十把一絡げに「高額なものにお金を使ってはいけない！！！」などと考えるのではなく、もっと柔軟なアプローチがあると考えている。

ある特定のものにお金を使わないことがケチだという考え方を、まず改めよう。外出の際にコカ・コーラに2・5ドル使うことが価格に見合わないと判断したなら、それは必ずしもケチではない。何に価値を置くのかを、あなたが意識的に決めているだけだ。残念なことに、ほとんどのアメリカ人は意識的なお金の使い方――つまり、好きではないことには容赦なく支出を切り詰める一方、好きなことには惜しみなくお金を使うということ――に関して、教育を受けたことがない。

その代わりに、「そんなものにお金を使ってはいけない！」という原則をあらゆるものに適用するよう教えられる。気乗りしないまま支出を減らすものの、結局は失敗し、罪悪感から自分を責めてしまう。そして変わらず、好きですらないものに、過剰にお金を使い続けるのだ。好きではないものにノーと言えるのは大きな力だ。ただ、好きなものに大きな声でイエスと言えるのは、もっと大きな力を生み出す。

皮肉なことに、お金に関して唯一教えられてきたことは、節約する――通常は外でコーヒーに使うお金を抑えて、トイレットペーパーを買いだめしようというアドバイスがもれなくついてくる――ということだけだ。誰もが節約の仕方については教えてくれるものの、お金の使い方について教えてくれる人はいない。

国全体で見ると、アメリカ人は稼いでいる以上のお金を使っており、その行動を変えるのは容易ではないように思える。不況の際には一時的に財布の紐を締めるかもしれないが、すぐに元の消費の仕方に戻る。誰も現状を変えようとはしていない。個人消費は米国経済のおよそ7割を占めている。

意識したお金の使い方ができないのは、私たち自身の選択だけではなく、消費を促す社会的圧力による影響もある。セックス・アンド・ザ・シティ効果とでも呼べるもので、友人のお金の使い方があなたのお金の使い方にも直接、影響を与えているのだ。買い物に行く際、店に来ているグループを見てほしい。おそらく同じような格好をしているはずだ（それぞれの収入は大きく異なるはずなのに）。友人に遅れを取らないことが彼女らのフルタイムの仕事なのだ。

好きなことにお金を使おう

意識してお金を使うというのは、あらゆる支出を切り詰めるということではない。そんなやり方では二日と持たない。シンプルに、惜しみなくお金を使いたいほど好きなものを自分で選び、好きではないものには容赦なく支出を切り詰めるということだ。

このマインドセットがリッチになるためのカギとなる。実際、ベストセラーとなった『となりの億万長者』によると、１０００人の億万長者のうち半数がスーツに４００ドル以上、靴に１４０ドル以上、腕時計に２３５ドル以上のお金を使ったことがなかった。改めて言うが、意識してお金を使うというのは、あらゆるものに対する支出を切り詰めるということではない。あらゆるものに盲目的にお金を使うのではなく、何がお金を使うほど重要で、何がそうではないのかを自ら決断するということだ。

問題は何が重要で、何が重要でないのかを、ほとんど誰も決めていないということだ！　ここから意識的な支出という考え方が誕生した。

ケチな人vs意識的にお金を使う人

ケチな人	意識的にお金を使う人
ケチな人はモノの値段を気にする。	意識的にお金を使う人はモノの価値を気にする。
ケチな人は何でも一番安いものを買おうとする。	意識的にお金を使う人は大半のものは一番安いものを買うが、本当に好きなものには惜しみなくお金を使う。
ケチな人のケチさは周囲の人にも影響を与える。	意識的にお金を使う人の倹約は自分たちの中だけで完結する。
ケチな人は思いやりがない。例えば、ほかの人と食事をするとき、食事代が7.95ドルであれば、消費税とチップを加えて11ドル近くかかると知りながら、8ドルしかテーブルに置かない。	意識的にお金を使う人は何にお金を使うべきか選ばなければならないことを心得ている。ランチに10ドルしかかけられないときは、アイスティーの代わりに水を注文する。
ケチな人の他人の扱い方は、あなたの居心地を悪くする。	意識的にお金を使う人はあなたのお金の使い方に反省を促すため、あなたの居心地を悪くする。
ケチな人は友人や家族、職場の同僚がいくら自分に借りがあるのかを常に計算している。	意識的にお金を使う人の一部も同じことをするが、決して全員ではない。
誰かにお金を使いすぎだと指摘されることを恐れ、ケチな人はお金の使い方を正直に言わない。	意識的にお金を使う人もその点は同じだ。誰もがお金の使い方については嘘をつく。
ケチな人は不合理で、タダでは手に入れられないものがある理由を理解できない。これは演技であることもあるが、本気であることもある。	意識的にお金を使う人もケチな人と同じように有利な取引をしようと最善を尽くすが、それがダンスであることを理解しており、本来自分たちが特別な取引に値しないことを理解している。
ケチな人は短期的に物事を考える。	意識的にお金を使う人は長期的に物事を考える。

外食や飲み代に年間2万1000ドル使う友人

私はあなたに、何にお金を使うのか意識して決められる人になってほしい。送られてきたクレジットカードの明細書を見て、「こんなに使ったかかな?」などと言ってほしくないのだ。意識してお金を使うということは、具体的に何にお金を使うのか、あなた自身が決断するということだ。外出か、貯蓄か、投資か、家賃か。そうすれば、自分のお金の使い方に罪悪感を抱くことはなくなる。自分のお金の使い方を心地よく感じながら、足踏みすることなく目標に向かって邁進できる。

ほとんどの若い人は意識してお金を使えていない。適当にあらゆるものにお金を使い、後で後悔したり、しなかったりする。意識的な支出プランを持っている人に会うたびに、私はうれしさのあまり、ムガル帝国の皇帝であるシャー・ジャハンが妻のムムターズ・マハルに感じていたような深い愛情を感じる。

これから私の3人の友人について話をするつもりだ。彼らはくだらないと思えるようなもの——靴や外出など——に惜しみなくお金を使うものの、その行為は完全に正当であることがわかるだろう。

○靴愛好家

友人のリサは年間およそ5000ドルを靴に使う。彼女の好きなタイプの靴は一足300ドル以上するため、年間でおよそ15足買っている計算になる。「なんてバカらしいんだ！！！」とあなたは言うかもしれない。確かに数字や金額だけ見ると買いすぎだが、本書を読めば違った考え方ができる。彼女は10万ドル以上稼ぎ、ルームメートがいて、会社での食事はタダで、オシャレな電子機器も買わず、ジムの会員にも入っておらず、食事にもお金をかけない。

彼女はとにかく靴が好きなのだ。年金口座や証券口座にも定期的にお金を入れている。バケーションやほかのことに備えた貯蓄も欠かしていない。寄付もしている。それでもお金が余るというのが興味深いところだ。「でもラミット、そんなの関係ないよ」とあなたは言うかもしれない。「靴一足に300ドルもかけるなんてバカげている。靴にそんなにお金をかける必要なんてないんだ！」

彼女を批判する前に、自分自身を省みてほしい。あなたはすでに確定拠出年金に掛金を拠出し、証券口座を開設しているだろうか？　自分のお金が何に使われているのか十分に意識しているだろうか？　好きなことにお金を使うという戦略的決断ができているだろうか？

お金の使い方をあらかじめ決めている人はほとんどいない。適当にお金を使い、お金が減っていくのをただ眺めている。同様に、自分が好きではないものを識別しているだろうか？例えば、リサは住む場所へのこだわりがない。小さなマンションの小さな部屋に住んでいる。その結果、彼女の家賃は同僚より400ドルも安い。

長期的な目標と短期的な目標を定めた上で、好きなものにお金を使える余裕が残っているのだ。私は彼女はそのままでいいと思う。

○パーティー好き

友人のジョンは外食や飲み代に年間2万1000ドル以上使う。「嘘だろ、使いすぎだよ!」とあなたは言うかもしれない。詳細を見てみよう。彼はレストランやバーなどで週に4度、外食をし、一晩で100ドルほど使う。数字に関しては保守的に見積もっている。夕食はひとり当たり60ドル、飲み物は1杯15ドルかかることもある。

ジョンも年収は10万ドル以上あり、意識的な支出プランを作成するのは難しくないが、彼でさえ何にお金を使わないのかを決めなければならない。例えば、同僚が週末にヨーロッパ旅行に行ったとき、彼はその誘いをやんわりと断った。彼はハードワーカーで、休暇をほとんど取らない。同様に、彼はいつも働いているため、部屋の中を飾ることにも興味がない。バーゲンセールで買った安物のスーツを掛けるのに針金製の安いハンガーを使っており、調理用のフライ返しすら持っていないのだ。

ジョンにとっての制約条件は時間だった。彼は定期的にお金を口座に入金するという作業が継続できないことを自覚していたため、投資口座への入金は自動設定にしている。自分の性格を自覚し、弱みを補うシステムを立ち上げている。お金の使い方に関しては、「よく働き、よく遊ぶ」というのが彼のモットーであり、平日に2日外で遊び、週末にも2日外で遊ぶ。レストランやバーでは羽目を外す一方、私の友人の誰よりもお金を貯めている。年に2万1000ドルの出費というのは数字だけ見ると法外な金額だが、彼の収入や優先順位などを考慮に入れて判断しなければならない。家の中を飾ったり、バケーションにお金を使う友人がいる一方、ジョンは定期的な貯蓄と投資をしながら、外で遊ぶことにお金を使う選択をしたのだ。

重要なのは、彼が自分で考えて選んでいるということだ。何にお金を使うべきかを熟慮し、そのプランを実行している。彼は私が知る若者の99パーセントよりも、やるべきことをしっかりとやっている。彼がロバの着ぐるみやファベルジェの卵〔宝石で装飾された卵形の飾り物〕に年間2万1000ドル使ったとしても、全然かまわない。少なくとも彼は自らプランを立てている。

お金は人を幸せにするのか？

答えはイエスだ！　年収7万5000ドルまでは幸福度が上がる一方、それ以上稼いでも幸福度はそれほど変わらないという研究結果を聞いたことがあるかもしれない。実際にデートンとカーネマンが2010年に行った研究によると、「感情面での幸福度」は年収7万5000ドルがピークだという。ただ、「生活の満足度」という別の尺度を使うと、年収7万5000ドルでは頭打ちしない。50万ドルになっても、100万ドルになっても上がり続けるのだ。ディラン・マシューがヴォックスに書いた記事によると、収入が上がるほど、生活に対する満足度が上がることを示唆する有力なデータがあるという。「先進国でも途上国でも関係なく、お金持ちになればなるほど、生活への満足度は上がる」。

幸せな生活を送るためには、お金をどのように使うべきだろうか？　ニューヨーク・タイムズの記事によると、「嫌いなタスクを外注するなど、お金で時間を買った人は、人生全般に対する満足度が高いことが報告されている」という。

つまり、見出しを信じてはいけないということだ。お金はリッチな生活にとってささやかだが、重要なものだ。お金はより満足度の高い生活を送るために、戦略的に使うことができる。

◦NPOの社員

意識してお金を使えるようになるために、年収10万ドルを稼ぐ必要はない。友人のジュリーはサンフランシスコの非営利団体（NPO）で働いている。年収は4万ドルほどだが、年間6000ドルを貯蓄に回している。大半のアメリカ人を上回る金額だ。

彼女の規律ある生活が、それだけの貯蓄を可能にしている。自炊し、小さな部屋をルームメートとシェアし、会社の福利厚生をフルに活用している。外食に誘われたときも、自ら定めた封筒システム（詳細は148ページ）に基づいて、外食する余裕があるのか確認する。お金がないときは丁重に断るが、いったん外で遊ぶと決めたら、罪悪感を抱くことはない。一方、家賃や食費を切り詰めるだけではなく、非課税口座を積極的に活用し、旅行に備えた貯蓄も行っている。毎月、まず始めにそれらの口座に入金するよう自動設定しているのだ。

彼女と話をするだけでは、彼女が大半のアメリカ人よりも貯蓄が多いことに気づかないだろう。私たちは職業や着ている服など表面的なものを見て、相手の経済状況を判断しがちだ。ジュリーはそれが間違いだということを証明している。いかなる状況に置かれても、彼女は投資と貯蓄を最優先するという決断をしたのだ。

貯蓄するために心理学を活用しよう

年収5万ドルを稼いでいる読者は、収入の3割をネットフリックス、携帯電話、ケーブルテレビなどサブスクリプションに使っていることに気づいた。サブスクリプションは企業側にとって最も都合の良いサービスだ。自動的にあなたから決められた金額を徴収できるからだ。あなたが毎月のサブスクリプションを精査したのはいつだろうか？　最後に解約したのはいつだろうか？　もしかしたら一度もないかもしれない。ここではアラカルト・メソッドについて紹介する。

アラカルト・メソッドとは、心理学を活用して支出を削減する方法だ。まず最初に、ケーブルテレビ、スポーツジムなどあらゆるサブスクリプションをすべて解約する。その後に必要なものやサービスだけを精査した上で、改めて個別に買うというやり方だ。一度も見ることのないチャンネルのためにケーブルテレビを契約するのではなく、iＴｕｎｅｓを使って見たい番組やエピソードだけを個別で買い、ジムは会員になるのではなく、行くたびにビジター料金を払うというわけだ。

アラカルト・メソッドには以下の3つの利点がある。

―1― **あなたはおそらくすでにお金を払いすぎている。**私たちの多くはサブスクリプションから得られる価値を過剰に高く見積もっている。例えば、私があなたに週に何回ジムに行くのか尋ねると、おそらくあなたは「えっと……週に2、3回かな」などと答える。そんなわけがない。ある研究によると、ジムの会員は自分たちの利用頻度を7割以上多く見積もっているという。月に70ドルの会費を払っている会員は、平均して月に4・3回しかジムに通っていない。つまり、一度の利用に17ドル以上払っている計算になる。1回10ドルのビジター料金を払った方が、安く済むのだ。

―2― **お金の使い方に対する意識を強制的に高く保てる。**クレジットカードの明細書を見て、「そう言えば、ケーブルテレビに加入してたな」と言うのと、テレビ番組を毎回2・99ドルで買うのとでは、買い手側の意識は全く変わってくる。請求された金額に対する意識を高めることで、消費する金額は少なくなるだろう。

―3― **お金を払っているものに価値を感じられる。**サブスクリプションで購入するものよりも、実際にポケットからお金を払って買ったものに、あなたはより高い価値を置く傾向にある。

アラカルト・メソッドは見方によれば、ライススタイルの自動化を解除するものだが、それは節約のための代償と捉えるべきだ。2カ月だけ試してみて、自分の感覚を確認してみよう。もしあまり好きではなかったら、これまで通りのサブスクリプションのやり方に戻ればいい。まず、アラカルト・メソッドを使ってこれまでの支出表をいったん白紙に戻してみる。その上で、新たな支出表を作成する際に、創造力を働かせるのだ。

○アラカルト・メソッドの実践方法

［1］任意で加入しているサブスクリプション（例えば、音楽のサブスクリプション、ネットフリックス、ジムなど）にいくら使っているのか計算する。

［2］これらのサブスクリプションをすべて解約し、必要なサービスだけ個別で購入するようにする。

［3］1カ月後、個別の買い物にいくら使ったのか計算する。

［4］もし100ドル使っていたら、90ドルに削ってみよう。それから75ドルに挑戦する。支出は切り詰めすぎてもいけない。持続可能でなければならないし、世の中のトレンドから自分を完全に切り離すのも良くない。ただ、ポケットから逐一お金を払えば、1カ月に見る映画の本数はコントロールしやすいはずだ。

あなたの楽しみを取り上げようとしているわけではない。それほど好きでもないものに、サブスクリプションで月50ドル払っていることに気づいてほしいだけだ。そうすれば、サブスクリプションを解約して浮いたお金を、あなたの本当に好きなものに振り向けることができる。

○彼らの何が正しいのか

これまで紹介してきた私の友人はある意味、例外的な存在だ。

彼らは独自のプランを持っている。携帯電話や車など、新しいものに湯水のようにお金を使うのではなく、自分にとって必要なものにはお金を使う一方、ほかのものは徹底して節約する。靴愛好家の友人はほとんど家にいることがないため、鶏小屋のような狭い部屋に住み、月に数百ドル、家賃を節約している。パーティー好きの友人は安価な公共交通を利用し、殺風景な部屋に住んでいる。NPOに勤める友人は、自分の支出に関して事細かく管理している。月に500ドル、2000ドルなど金額は異なるが、彼らは自分の未来への投資を優先する。自動的に投資口座に入金するシステムをつくることで、預金口座に残ったお金は後ろめたさを感じることなく使える。お金についてあれこれと悩む時間がほとんどないのだ！　クレジットカードやアセットアロケーションの基本もしっかりと熟知している。専門家ではないものの、誰よりもいち早く始めている。

彼らのお金の使い方こそが私たちが目指すべきものであり、まさに本書があなたに求めているものだ。自動的に貯蓄、投資、支出を行うシステムを立ち上げ、使ってもかまわないお金だけしか使っていないため、仮に新しいジーンズを買ったとしても後ろめたさを感じることはない。

あなたならできる。プランが必要なだけだ。ただそれだけのことなのだ。

友人のお金の使い方を評価したい？

友人のお金の使い方を評価する際、私たちは表面的な部分だけを見てすぐに判断してしまう。「ジーンズに300ドル！」、「どうしてホールフーズなんかで買い物するんだ？」、「どうしてそんな高いエリアに住むことにしたんだ？」。

実際、私たちの評価は正しい場合の方が多い。若い人は長期的な目標から逆算しながら選択肢を注意深く検討することができない――自分の将来への投資を優先していない、投資／貯蓄プランを作成していない――ため、友人に300ドルのジーンズを買う余裕がないと感じたあなたの判断はおそらく正しい。

ただ、私はできるだけ安易には評価しないようにしている。表面上の金額は実はそれほど重要ではなく、大切なのはそれぞれが置かれている状況だからだ。高級ワインや特別な料理に散財していても、25歳ですでに2万ドル貯めていたら問題ないのだ！　ただ、もしあなたの友人が年収2万5000ドルにもかかわらず、週に4回外食するのであれば、その友人はおそらく意識してお金を使っていない。

友人を評価するのは楽しいが、置かれている状況が大切であるということは肝に銘じておこう。

お金や人間関係の扱い方の戦略については、328ページを読んでほしい。

本書が推奨する意識的支出プラン

ここで1つ課題を出す。30秒くらいあればできるはずだ。

あなたの年収を表す円グラフを想像してみてほしい。もし魔法の杖を振って、その円グラフを自分の好きなように分けられるとすれば、どのような分け方になるだろうか？　細かいところまで気を配る必要はない。家賃、食費、交通費、学生ローンなど、主要な支出項目だけを考えればいい。また、貯蓄と投資、これまでずっと行きたかった生涯に一度の旅行もそのチャートに入れよう。

この作業が本書の中で最も難しいと感じる読者の方もいるが、私は最も得るものの大きい作業だと思っている。この作業を通じて、あなたは何にお金を使いたいのかを意識的に選べるようになる。つまり、あなた独自のリッチな生活を主体性を持って考えられるようになるのだ。

それでは、意識的支出プランの作成の仕方を具体的に見ていくことにする。とりあえずシンプルなたたき台をつくって、時間をかけて少しずつ改善していこう。意識的支出プランには、4つの主要なカテゴリーが含まれる。固定費、投資、貯蓄、そして罪悪感のない支出だ。

◦月の固定費

固定費は家賃、住宅ローン、水道光熱費、携帯料金、学生ローンなど、必ず払う必要のある支出だ。大まかな目安は手取り収入の5〜6割くらいで、まずまっ先に固定費がいくらになるのかを計算しなければならない。

それほど難しい計算ではないと思うかもしれないが、これはパーソナル・ファイナンスにお

支出カテゴリー

固定費 家賃、水道光熱費、 借金の返済など	手取り収入の50〜60%
投資 確定拠出年金など	手取り収入の10%
貯蓄目標 バケーション、プレゼント、 住居の頭金、緊急時用資金など	手取り収入の5〜10%
罪悪感のない支出 外食、飲み代、 映画、衣服、靴など	手取り収入の20〜35%

いて最も難しい作業の1つだ。次のページの表を見てほしい。もしあなたにとっての主要な支出項目が抜けている場合は、それらを表に追加しよう。この表には外出や娯楽が含まれていないことに注意してほしい。それらは罪悪感のない支出に含まれる項目だからだ。単純化のために、税金もこの表には入っていない。

即座にわかる数字からまず記入しよう。

金額や項目がすぐにはわからない支出に関しても、過去の支出を調べて、必ずすべての項目を加え、金額を記入するようにしよう。過度に深入りしすぎないように、参考にするのは過去数カ月の支出だけにとどめておこう。何にお金を使ったのかを知るには、クレジットカードや銀行の明細を見るのが一番手っ取り早い方法だ。細かい支出までは把握できないかもしれないが、ここでも85パーセントの法則を適用しよう。現段階ではそれで十分だ。

最後に、すべての項目を記入したら、記入し損なっている支出のために予備費として15パーセント加えよう。例えば、毎回400ドル（月に33ドル）かかる「車の修理費」を記入し損なっているかもしれない。もしくはドライクリーニング代、緊急の医療費、寄付金をカウントしていないかもしれない。そうした支出を大雑把に15パーセントと見積もっておき、時間をかけて金額を正確にしていけばいい。

私は自分の表に「バカな間違い」という項目を加えている。また、最初に始めたときは月20ドルを予期せざる支出のために貯蓄した。その2カ月後に、緊急の医療費に600ドル、交通

支出項目	月の支出額
家賃／住宅ローン	
水道光熱費	
医療保険と医療費	
自動車関連	
公共交通	
借金の返済	
食料雑貨	
衣類	
インターネット／ケーブルテレビ	

チケット代に100ドル以上使ったため、私は現在では予期せざる支出のために200ドル貯蓄するようにしている。使い切らなかった場合は、年末に半分を貯蓄に半分を支出に回す。

　正確な金額を把握できた場合、それを手取り収入から差し引こう。そうすれば、投資や貯蓄などほかのカテゴリーにいくら使えるのかがわかるだろう。さらに、貯蓄や投資に回すお金を増やすためには、どの支出項目から削減すべきか見当をつけることができるはずだ。

○長期投資

　この項目には、あなたが確定拠出年金口座に拠出する金額が含まれる。大まかな目安は手取り収入の10パーセントだ。

　投資の大半は税優遇のある年金口座で運用するため、税金を考慮に入れる必要はない。ただ、リタイア後に口座から資金を引き出す際に、いくらか税金が引かれることだけは理解しておこう。今積極的に投資すればするほど、将来的に資金は大きく増えていく。

85パーセントの法則についてはすでにお話しした。100パーセントを目指すことにこだわり何の成果も上げられないよりは、「十分な成果」を上げることに焦点を合わせるべきという考え方だ。一方、MSNマネーの編集長だったリチャード・ジェンキンスは「60パーセントの法則（*The 60 Percent Solution*）」という記事を書いている。あなたの支出を最も金額の大きいもの（食費、住居費など）を中心にシンプルなカテゴリーに分け、収入の6割でそれを賄おうという考え方だ。残りの4割は以下の4つの資金に当てる。

―1―リタイア後に備えた貯蓄（10パーセント）
―2―長期的貯蓄（10パーセント）
―3―急な支出に備えた短期的貯蓄（10パーセント）
―4―楽しむための資金（10パーセント）

この記事は広く拡散されたが、不思議なことに私の友人は誰もこの記事のことを知らなかった。私の意識的支出プランは、ジェンキンスの60パーセントの法則と近いものだが、より若い人向けと言える。若い人たちは外食や飲み代にお金を使う一方、家族のいる高齢の人に比べるとルームシェアを利用することで住居費を安く抑えられる。

罪悪感を抱かない方法

パーソナル・ファイナンスの専門家が何よりもやりたいことは、あなたがお金を使う際に罪悪感を抱かせることだ。彼らが書いた文章を読んだことがあるだろうか？

「友人と遊んでいるとき、外で飲み物を買っている？　水じゃダメですか？」
「バケーションを取っている？　公園で散歩でもしたらどうですか？」
「なぜ新しいジーンズが必要なんですか？　汚れたジーンズの方が味があると思いますよ」

もし彼らの言うことを真に受けていたら、人類全員が庭で食べ物を育てる自給自足農家になってしまう。私も『怒りの葡萄』は愛読書だが、そんな生活を望んではいない。

パーソナル・ファイナンスの専門家の界隈では、ある1つの支出を取り上げて、そのお金を40年間投資に回せばいくらになるのかを計算し、あなたに罪悪感を抱かせる手法が流行っている。例えば、もしバケーションに使う予定だった2000ドルを投資に回して40年間、運用すれば、4万ドル以上の価値になるといった具合だ。

USAトゥデイは「サンドイッチ1つがいくらになる？　9万ドル分の貯蓄を失う」とい

う記事を載せていた。

リッチな生活という観点から見ると、1セント単位で支出を切り詰めたり、サンドイッチ1つが9万ドルの価値になるなどと計算していたら、必ずどこかで道を踏み誤っている証拠だ。

こうした記事を何十年も読み続けていると、少しずつ自分が変わっていく。記事の内容を信じるようになる。お金を運用する唯一の方法がお金を貯めこみ、やらないことリストを延々と増やし続けることだと考えるようになる。間もなく、罪悪感は外部の世界からではなく、あなた自身の内側から生まれるようになる。

例えば、本書の読者の多くが年収20万ドル以上稼いでいるにもかかわらず、自分のためにお金を使えないというケースを山ほど見てきた。半年に一度、高級なレストランで食事をすることすらお金の無駄だと思っているのだ。

彼らは倹約の牢獄に自ら入っている。あなたはインターネットの掲示板に次のように書き込む人物にはなりたくないはずだ。

「ここ数年の自分の人生と銀行口座を改めて振り返って感じることは、もっといろいろな経験を積め、もっと情熱を感じられるなら、今持っている貯蓄の大半を失い、もっと長く働いてもかまわないということだ。これまで貯蓄は築き上げてきたけれど、自分らしい人生は築き上げてこなかった」

多くの専門家が「心配」、「不安」、「罪悪感」といった言葉で煽っていることに気づいているだろうか？　彼らのアドバイスが、やってはいけないことから始まることに気づいているだろうか？　彼らの考え方は、基本的に攻めではなく守りなのだ。

私のアプローチは全く異なる。

人生において大きな勝ちさえ収めていれば、ランチの値段を気にする必要はない。お金という文脈において、「心配」や「罪悪感」といった言葉は必要ではないのだ。罪悪感を抱くことなく、自分の好きなものに使えるお金がある。サンドイッチだけではない。忘れられないバケーション、すばらしい家族へのプレゼント、自分と家族の安全。あなた自身が決めよう。罪悪感を抱く必要はないのだ。

○貯蓄目標

このカテゴリーには短期の貯蓄目標（クリスマスプレゼント、バケーションなど）と中期の貯蓄目標（結婚式の費用など）、より高額な長期の貯蓄目標（住居の頭金など）が含まれる。

毎月、いくら貯蓄に回すべきかを決めるために、以下の項目について確認してみよう。おそらく衝撃を受けるはずだ。

友人や家族へのプレゼント。かつての私の生活はシンプルだった。クリスマスと言えば、両親や兄弟へのプレゼントを意味した。ところが甥や姪が生まれ、義理の兄弟姉妹もできて家族が大きくなると、突然、たくさんのプレゼントを用意する必要が生じた。プレゼントを用意しなければと、急に慌てるようではいけない。プレゼントが必要な日はあらかじめわかっている。クリスマス、誕生日、何かの記念日、卒業祝い。

私にとってリッチな生活というのは、あらかじめ予想できる支出に備えることも含まれている。前もって計画するというのは賢明な行為だ。毎年12月にクリスマスプレゼントを買わなければならないことなど、わかっているはずだ。1月にはすでにプランを練っておこう。

結婚式。結婚式は平均で3万ドル以上かかる。私の経験上、あらゆる費用を含めると、3万5000ドル近くかかるというのが相場だ。ウィル・オレマスがスレートに書いた記事によると、「2012年の結婚式の費用は平均で2万7427ドル、中央値は1万8086ドルだった。ニューヨークのマンハッタンでは、平均は7万6687ドル、中央値は5万5104ドルだった」。費用に関して私は常に最悪を想定するため、保守的に見積もるようにしている。盛大な結婚式を計画した私は、目に見えない出費がこの数字を予想よりも押し上げることを理解していた。

計算をシンプルにするために、ここでは結婚式費用を3万ドルとしておこう。結婚の平均年齢はあらかじめわかっているため、すべて自費で賄う場合、いくら貯蓄すべきかを前もって計算できる。もしあなたが25歳であれば、月に1000ドル以上、もし26歳であれば、月に2500ドル以上、貯蓄する必要がある（第8章に私のものも含めた結婚式費用の詳細を説明している）。

家を買う。数年後に家を買うことを検討しているなら、インターネットでその地域の住宅価格を調べてみよう。例えば、住宅価格が30万ドルで、頭金として2割（6万ドル）、準備しておきたいとすると、5年後に家を買う場合、今から月に1000ドル貯める必要がある。

このような思考ができる人はほとんどいないが、今後数年間、必要となる支出を計算してみると、驚くような発見がある。おそらく尻込みするような金額になるが、ここで朗報だ。第一に、準備期間を長く取れば取るほど、毎月貯めるべき金額は少なくなる。家を買うまで10年待てば、頭金のために貯めるべき金額は月500ドルで済む。第二に、家族から支援を得られることも少なくない。第三に、理論的には投資資金の一部をこれらの貯蓄に回すことも可能だ。理想的とは言えないが、そういう選択肢もある。

何を目的に貯蓄しているのかにかかわらず、大まかな目安として手取り収入の5～10パーセントは貯蓄に回すよう心がけよう。

◦罪悪感のない支出

最後に残るのが楽しむための資金——罪悪感を抱くことなく、好きなことに使えるお金——だ。レストランやバー、映画、バケーションなどのための資金が含まれる。ほかのカテゴリーにも左右されるが、大まかに手取り収入の20～35パーセントをそうした資金に回せるようにできれば理想的だ。

意識的支出プランの最適化

意識的支出プランの大まかな骨組みは完成した。ここからはピンポイントで支出を最適化し、然るべき項目にお金が向かうよう調整していく。不要なものにお金を使いすぎていると、うじうじ悩むことはなくなり、何かおかしな使い方があれば、あなたのプランがすぐに警鐘を鳴らしてくれるだろう。警告のベルが鳴らなければ、それは悩む必要がないという証《あかし》だ。

◦大きな勝利を狙う

支出の最適化などと聞くと、思わず身構えたくなるかもしれないが、そんな必要はない。ここでは80／20の分析を活用する。つまり、使いすぎたお金の8割は、支出項目のうちの2割で説明できるという考え方だ。小さな支出項目でそれぞれ5パーセント切り詰めるよりも、1つか2つの大きな支出項目に集中することを私が好むのもこの理由からだ。

それでは、私が実際に行ったやり方を説明する。年月が経つにつれて、私は支出金額のほとんどが予測可能であることに気づいた。家賃に同じ金額を使い、地下鉄の定期券に同じ金額を使い、プレゼントにさえほとんど同じ金額を使っている。

年間の平均額があらかじめわかっているため、12ドルの映画チケットを買うかどうかなど、細かな支出で悩んで時間を浪費する必要はない。ただ、毎月の支出額が大きく異なる項目がいくつかあり、私はそこを集中して手直しすることにした。それは外食、旅行、そして服だ。月によって、それらに対する支出額は数千ドル単位で変わっていた。そこが私にとって、大きな勝ちが狙えるところだ。

続いて、ブライアンの例を見ていくことにする。彼の手取り年収は4万8000ドル、つまり月に4000ドルだ。彼の意識的支出プランによると、彼の支出は次のような構成となっている。

- 月の固定費（60パーセント）：2400ドル
- 長期投資（10パーセント）：400ドル
- 貯蓄目標（10パーセント）：400ドル

● 罪悪感のない支出（20パーセント）：800ドル

ブライアンが抱えていた問題は、罪悪感のない支出のための資金が800ドルでは足りなかったということだ。過去数カ月の支出を見ると、実際には月に1050ドル必要であることがわかった。彼はどうすべきだろうか？

悪い答え：ほとんどの人は肩をすくめ、「わかんないよ」と言って、イングリッシュマフィンを頬張りながら、インターネット掲示板にアメリカ経済についての不満を書き込む。支出プランを立てるという発想がないため、彼らにはお手上げなのだ。

それよりはマシだが、それでも良くない答え：長期投資と貯蓄目標に回しているお金を減らす。確かにこれは可能だが、いずれ代償を払うことになるだろう。

これらよりも良い方法は、彼の月の支出の中で最も足を引っ張っている2つの項目を手直しすることだ。

良い答え：ブライアンは彼の支出の中で最も金額の大きい3つの分野を選び、最適化することにした。

第一に、彼は月の固定費を見て、3000ドルものクレジットカードの借金が残っていることに気づいた。金利18パーセントのローンを借りながら、最低金額しか返済していなかったのだ。このまま行くと、完済するまでに22年かかり、利息の総額は4115ドルにも達する。彼はカード会社と交渉して、金利を15パーセントに引き下げてもらった。完済までの期間は18年に短縮し、支払う利息の総額は2758ドルに減った。月に直すと6ドルの節約だが、18年という期間で見ると大きな額だ。

次に、彼はサブスクリプションを見直し、ほとんど使っていないネットフリックスとスター・ウォーズの会員サイトにお金を払っていることに気づいた。それらを解約し、月に60ドル節約した。

最後に、家計簿アプリにログインし、外食に月350ドル、バーに250ドル、合計で600ドルも使っていることに気づいた。彼は3カ月かけてそれらの金額を400ドルまで減らすことに決めた。

合計で、月に約260ドルの節約に成功した。大きな支出を調整することで、彼にとっての最適な意識的支出プランをつくることができたのだ。

ブライアンは重要な項目を変えることに集中する要領の良さを備えていた。外食のたびにコーラを注文しないよう誓いを立てるのではなく、支出総額への影響の大きい分野だけを選んで手直ししたのだ。人々は予算を立てるよう推奨され、夕食で前菜を注文しないよう、もしくはノーブランドのクッキーを買うよう決断する。それ自体は悪いことではない。ただ、これらの小さな変化はあなたの支出総額にほとんど影響がない。ただ自己満足につながるだけで、数週間もすると、ほとんど節約につながっていないことに気づくだろう。

大きな、目に見える変化をもたらす項目だけに集中するようにしよう。私は毎月、自分にとって重要な2つか3つの大きな項目に集中して節約している。あなたは自分にとっての大きな勝ちがどこにあるのかを自覚しているはずだ。肩をすくめ、目をむいて、「確かに、○○にはお金を使いすぎてるかも」と言いたくなる支出のことだ。

○現実的な目標設定

私はパーソナル・ファイナンスや起業、心理学などの分野で自己啓発のビデオコースを立ち上げている。少し前にはフィットネス・プログラムを試してみたこともあり、学生のダイエットをサポートした。

そのプログラムでは、次のような場面によく出くわした。ジョンは45ポンド（約20キロ）ほど適正より体重が重く、食生活も乱れており、長い間、運動習慣がなかった。ただ、減量したいという思いが強かったため、摂取カロリーを半分にし、週に5回ほど運動をやりたいと申し出てきた。

私たちは「落ち着いて、ゆっくりやりましょう」とアドバイスしたが、彼は運動の回数をすぐに週ゼロから週5にしたいと譲らなかった。私たちの予想通り、彼は3週間でドロップアウトした。

新しく始めたことに急に熱を入れすぎて、すぐに燃え尽きた人を見かけたことがないだろうか？　私なら回数を減らして、長く持続できるようにする。

ある女性はメールで「週に三度ジョギングすると自分に言い聞かせているのですが、これまで実行できたためしがありません」と相談してきた。私は「週に一度から始めてみたらどうですか？」と返信した。すると彼女は「週に一度だけですか？　一度だけで何の意味があるのでしょうか？」と返信してきた。

彼女は週に一度実際に走るよりも、週に三度走ることを想像していたいのだ。

持続可能な変化という考え方は、パーソナル・ファイナンスにおける核心と言えるものだ。次のようなメールを送ってくる読者もいる。「ラミット、お金の管理を始めました！　以前は週に500ドル使っていましたが、今では週に5ドルしか使わず、残りを貯蓄に回しています！」。私は思わずため息をついてしまう。月に495ドルも貯蓄に回すと聞けば、私が喜ぶと思ったのかもしれないが、極端な変化が長続きしないことを私は経験上知っているのだ。

私は自分を変えようとするとき、ほぼ必ず小さな変化から始める。そこから徐々に変化の度合いを大きくしていくのだ。例えば、私が月に1000ドルほど支出を切り詰めなければならないことに気づいたとすると、2つの重要な項目――大きな金額で、努力すれば切り詰められる項目――を選び、それら2つに努力を集中させる。私が外食に月500ドル使っていたとすると、外食代は次のような変化をたどる。

1ヵ月目――475ドル
2ヵ月目――450ドル
3ヵ月目――400ドル
4ヵ月目――350ドル
5ヵ月目――300ドル
6ヵ月目――250ドル

特に誰かと競い合っているわけではないものの、半年で外食代を半分に削れることになる。同じやり方をもう1つの項目にも適用すれば、月に数百ドル支出を切り詰められる。このように緩やかなやり方のほうが持続可能性は高い。

もう1つのやり方は、自分に対する怒りに任せて闇雲に支出総額を半分に削るというものだ。ただ、これだと具体的な対処方法がないままに、お金の使い方を根本から改めなければならず、野心的な支出目標額をいつまでも継続できるとは思えない。

「1カ月は酒を飲まないことに決めた」などと吹聴している友人があなたの周りにもいないだ

ろうか？　私はこの種の突発的な行動の意味を理解できない。これから1カ月間、支出を半分に切り詰める。それで果たして、何かが変わるのだろうか？　もし継続できずに以前の生活に戻るのであれば、何も成し遂げていないことになる。それよりは支出を10パーセントだけ切り詰めて、30年間、継続させる道を私なら選ぶ。

パーソナル・ファイナンスにせよ、食生活にせよ、運動にせよ、きょう最小限の変化を達成することに集中しよう。ほとんど気づかないような僅かな変化でかまわない。そこからプランに沿って、少しずつ変化を大きくしていけばいいのだ。こうすれば、時間はあなたの側についてくれる。月を追うごとに状況は改善していき、最終的には大きな変化を達成できるだろう。

○封筒システムを活用する

意識してお金を使う、支出を最適化する、などと言うと聞こえはいいが、具体的にどうすればいいのだろうか？　私が勧めているのが封筒システムだ。外食、買い物、家賃など項目別にお金を振り分け、振り分けられたお金を使い切った場合、その項目への支出をそれ以上は控えるというシステムだ。緊急の際には、ほかの封筒のお金に手をつけてもかまわないが、使った分をきちんと後で補填しなければならない。実際の封筒を使ってもかまわないし、アプリや計算ソフトを利用してもかまわない。私にとっては、支出をシンプルかつ持続可能にできる最善のシステムだ。

封筒システム

❶ 主要な項目に、毎月いくら使うのかを決める。

❷ それぞれの封筒（項目）にお金を入れる。

❸ 1つの封筒から別の封筒にお金を移すこともできるが……

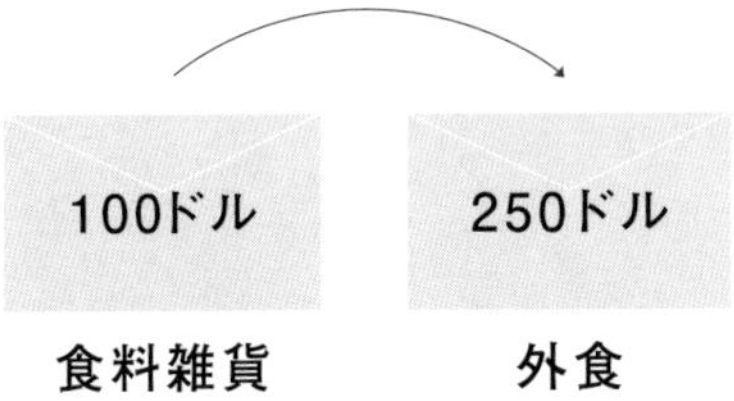

……すべての封筒が空になれば、その月はそれ以上は使えない。

例えば、友人のある女性は自分のここ数カ月のお金の使い方を見て、外での遊びに途方もない金額を使っていることに気づいた。そこで彼女は、賢い解決策を編み出した。新しい銀行口座を開設し、そこに毎月の月初に、例えば200ドルを振り込む。外を出歩くときには必ずその口座のお金を使うようにし、無くなった時点でその月は遊べないようにしたのだ。

どのようなやり方でもかまわないが、毎月、主要な項目にいくら使うのかは決めておこう。割り当てられた金額をそれぞれの封筒に入れ、封筒が空になれば、その月の支出は終わりだ。1つの封筒から別の封筒にお金を移してもかまわないが、支出の総額は変えてはいけない。

オタク気質の友人の何人かは、より細かいシステムをつくっている。例えば、ある読者は次のような表を作成した。

	1ヵ月の回数	一回の支出額
外食	12	23ドル
タクシー	8	9ドル
本	5	17ドル

「毎月、どれかの回数と金額を削るようにしました」と彼は話してくれた。彼は8カ月ほどで支出額を43パーセント削った。ここまで細かい分析は普通の人にとってはやりすぎかもしれないが、意識的支出プランをどれだけ細部まで決められるのかがよくわかる事例と言える。

もし十分な収入を稼いでいなければ?

経済状況によっては、意識的支出プランを作成することすら難しく思える人もいるかもしれない。すでにギリギリまで支出を切り詰めており、余分なお金が全くないようなタイプの人だ。収入の1割を退職後の生活に備えようと言われても、侮辱されているようにすら感じるだろう。車のガソリン代すらままならないのに、どうやれば収入の1割を貯蓄に回せるというのだろうか?

ただ、これは単なる思い込みである場合もある。ギリギリの生活を送っていると訴える人の多くは、自分たちが思っているよりも余裕がある場合が多い(例えば、外食ではなく自炊に変える、携帯電話を毎年買い換えないようにする)。彼らはただ単に自分のお金の使い方を変えたくないのだ。

一方、実際に支出をこれ以上、切り詰められない人がいるのも事実だ。もしこれ以上、切り詰められる支出がないのであれば、意識的支出プランは指針としての役割は果たすものの、あなたの関心はおそらくお金を稼ぐことに向かっているはずだ。支出を切り詰めるには限界があるが、収入を増やすのに限界はない。収入さえ増やせれば、意識的支出プランを活用することができる。収入を増やすための方法を、ここでいくつか紹介する。

○給与の高い仕事に転職する

今の会社では成長できないと感じ、転職を考えているのであれば、積極的に給与の交渉をしよう。採用プロセスにおいて、使える武器はたくさんある。交渉の9割はマインドセットであり、残りの1割が戦術だ。多くの人は印象を悪くすることを恐れ、転職の際には給与の交渉をあまりしない方が得策だと思いこんでいる。ただ、それは思い違いだ。自分の能力に自信があるのであれば、積極的に交渉しよう。

交渉の基本は非常にシンプルだ。交渉の際は、あなたがどれだけ会社に価値を提供できるのかをアピールしよう。もし100万ドルの利益をもたらすプロジェクトに貢献できるのであれば、その点をアピールするのだ。また、ほかの会社からも仕事のオファーをもらい、交渉の場の切り札とするのも効果的なやり方と言えるだろう。転職市場で需要の高い人材は高く評価される。最後に、笑顔を忘れてはいけない。冗談ではなく、笑顔こそが交渉において最も効果的なテクニックだ。場の緊張を和らげ、あなたが血の通った人間であることを証明してくれる。

○フリーランスの仕事をする

収入を増やす最善の方法の1つは、フリーランスの仕事を始めることだ。ウーバーの運転手を想像してもらえればわかりやすい。自分が持つスキルや興味の中で、他人の役に立てるものがないか考えてみよう。技術的なスキルである必要はない。例えば、ベビーシッターもフリーランスの仕事の1つになり得る。もし家で自由な時間があるのであれば、バーチャル・アシスタント（オンライン上での業務代行）として登録することも可能だ。

フリーランスの仕事で収入を増やそうと考えたとき、自分がすでに他人からお金をもらえるスキルを身につけていることに気づくだろう。例えば私の読者で、ダンスが好きなベンは、ダンスを教えるビジネスを立ち上げることに成功した。また、似顔絵を1時間につき8ドルで書いていたジュリアは、そのスキルを使って10万ドル稼げるビジネスを立ち上げた。ほかにも家庭教師や犬の散歩など可能性は無限にある。

もしあなたが専門的なスキルを備えているなら、そのスキルを求めている会社に直接、連絡してみよう。例えば、私は高校生の頃、マーケティングやコピーライティングがお粗末だった50社にメールを送り、ホームページの文章を改善できると提案した。そのうち15社から返信をもらい、ある会社のコピーエディターとして働かせてもらった後、最終的にはセールス部門を任されるに至った。

さらに大学生の頃には、ベンチャー・キャピタリストにメールやソーシャル・メディアを使ったマーケティングのコンサルティングを行った。私たちが当たり前にやっていたことが、彼らにとっては目新しい試みだったため重宝され、莫大なコンサルティング料を稼ぐことができた。

支出プランのメンテナンス

納得できる意識的支出プランを作成したら、少し時間をかけて、そのシステムに慣れていこう。いずれは細かい調整が必要となる時期は来るが、まずはこのシステムに慣れていかなければならない。年月が経つにつれて、予想もしていなかった驚きを発見することになるだろう。急なタクシー代など、予期せざる支出は必ず発生する。また、支出を1ドル単位で把握できなかったからといって、イライラしてはいけない。負担に感じ始めた時点で、継続できなくなるからだ。私は自動的に記録に残せるよう、できる限りクレジットカードを使い、現金払いをなくすようにしている。数年間、続けていくと、毎月平均でいくら使っているのかを自然と把握できるようになる。私は意識的支出プランには月の平均額を利用するようにしている。

あらゆることに言えることだが、始めは時間がかかるものの、次第に楽になっていく。支出の把握を週の優先事項にしよう。例えば、毎週日曜日の午後に30分ほど、そのための時間を設けるようにするのだ。

◦突発的な支出にどう対処するか

結婚式のお祝い、車の修理代、延滞料金など、突発的な支出によってプラン通りにいかなくなることがある。そのため、あらかじめ突発的な支出を考慮に入れて、プランに柔軟性を持たせておくというのも1つのやり方だ。

予測できる不定期のイベント（車両登録料、クリスマスプレゼント、バケーションなど）。この種の不定期のイベントには簡単な対処法がある。ある程度、支出額が予測できるイベントを貯蓄目標の中に入れて、お金を割り振ればいい。正確な金額である必要はない。大まかな金額を定めて、毎月、少しずつ貯蓄していこう。例えば、クリスマスプレゼントにおよそ500ドルかかることがあらかじめわかっているとすると、1月から毎月42ドル貯めるようにするのだ。12月に急に支出金額が大きく乱れることはなくなるだろう。

予測できない不定期のイベント（急な医療費や交通チケットなど）。いかに回避しようとしたところで、予期せざる支出というのは避けられないものだ。そのため、固定費としてあらかじめ計上しておこう。まず手始めに、月に50ドルを予期せざる支出のための予算として振り分けよう。すぐに足りないことに気づくだろうが、月日が経てば、いくら割り振るべきかがわかるようになる。

	定期	不定期
予測できる	◦ 家賃 ◦ ローンの返済 ◦ 水道光熱費	◦ クリスマスギフト ◦ 車両登録料
予測できない	もしあなたがギャンブル中毒者なら、負けた金額をここに分類できる	◦ 結婚式のお祝い ◦ 医療費 ◦ 交通チケット

幸いなことに、月日を経るごとに、自分の支出に関してはより正確な全体像が把握できるよ

うになる。1、2年も経つと、正確な予測の立て方がわかるようになるはずだ。やり始めは大変だが、徐々に楽になっていくので安心してほしい。

◦突発的な収入の問題

突発的な支出があるのと同じように、突発的な収入もある。どうしても財布の紐が緩くなり、楽しいことに使いたくなるが、その衝動をなんとか抑えてほしい。あくまで意識的支出プランに沿った支出を心がけなければならない。

一度きりの収入。誕生日のお祝いや税金の還付、予想していなかったフリーランスの仕事の契約など、突然の収入が降って湧いてくることがある。私はその全額を貯蓄すべきだとは言わない。私の場合、予期せざる収入があったとき、その半分は娯楽に使う。通常は欲しいと思っていたものを買うことが多い。ただ、残りの半分は必ず投資口座に入れるようにしている。何のプランも立てず、無駄に使い切ってしまうよりはずいぶんマシだ。こうした収入も意識して使うと、短期的にも長期的にもより有意義な使い方ができる。

昇給。昇給は一度きりの突発的な収入とは違う。継続的なものであり、その意味で正しく使うことがより重要になる。1つだけ覚えておいてほしいのは、生活水準を多少上げてもかまわないが、残りは必ず貯蓄に回そう。例えば、もし年間で4000ドルの昇給を得られたなら、1000ドルは使ってもかまわない。ただ、残りの3000ドルは貯蓄、もしくは投資に回そう。一度の昇給だけで、いきなり所得階級が一段階上がると考えるのはあまりに短絡的だ。

もし昇給したとしても、浮かれてはいけない。あなたが稼いだお金だ。自分が懸命に働いて得た報酬は享受すべきだ。ずっと欲しかったものや、やりたかったことに使って、一生の思い出をつくろう。ただ、その後は可能な限り投資に回すことを勧めたい。一度、生活水準を上げてしまうと、元に戻すことはできない。メルセデスベンツを買った後に、果たしてカローラを運転できるだろうか？

意識的支出プランの利点

戦略的な意識的支出プランを作成する最大の利点は、意思決定の指針になるということだ。ノーと言うことに躊躇《ちゅうちょ》しなくなり、自分のお金の使い方に自信が持て、罪悪感を抱くことがなくなる。確かに、決断が難しいときもある。お金の使い方をこれまでと大きく変えるのは、本書のプログラムで最も難しいステップだ。自ら取捨選択し、一部のものに対してはノーと言わなければならない。

ただ、システムにしてしまえば、苦痛は軽減される。友人から食事に誘われても、その月のお金が残っていなければ、丁重に断ることができる。個人的な感情ではなく、システムに則っているだけだ。大半の人は自分の経済状況を改善しなければならないと感じながら、日々生活している。40代半ばに差しかかるまで、貯蓄について考えようとしない。一方、あなたは違う。システムの力を借りることで困難な決断を下し、自分のお金を罪悪感を抱くことなく使うことができるのだ。

第3週のアクションステップ

1 **意識的支出プランを作成する。今すぐ取りかかろう。**考えすぎてはいけない。手取り収入を固定費（50〜60パーセント）、長期投資（10パーセント）、貯蓄目標（5〜10パーセント）、罪悪感を抱かない支出（20〜35パーセント）に振り分けるだけだ。

2 **支出を最適化する。貯蓄目標と毎月の固定費を調整しよう。**その際にはアラカルト・メソッドを試してみよう。保険料はいくらだろうか？　クリスマスプレゼントやバケーションに、今年いくら使う予定だろうか？　これらの支出を12カ月で均等に分け、プランを作り直そう。

3 **勝負すべき場所を選ぶ。**もし月の支出を200ドル抑えたいのであれば、どの支出を抑えるべきだろうか？　1つか2つの大きな支出項目に絞ろう。封筒システムを活用しよう。

4 **意識的支出プランのメンテナンス。**各項目に振り分ける資金を調整しよう。長期間、継続できるよう、システムを現実的なものに手直ししよう。

第4章

寝ている間にお金を増やそう

家計の自動化で勝手にお金が貯まる

小さなおててと大きなおめめ。可愛いくしゃみと無邪気な笑顔。生まれたばかりの赤ん坊を見ている自分の優しい眼差しを思い出してほしい。

私は同じ眼差しでシステムを見ている。大学と大学院の学費を賄うために、65もの奨学金に応募したシステム。1日に送られてくる2000通ものメールを読むために立ち上げたシステム。休暇で家を離れている間も、庭で育てている植物に十分な水を供給してくれるシステム。私はシステムに美しさを見出しているのだ。

あなたは現時点では、私に共感できないかもしれないが、本章を読み終える頃には共感しているはずだ。

パーソナル・ファイナンスの自動化は、あなたが立ち上げられるシステムの中で最も有益なものだ。私は15年以上前に、自分のパーソナル・ファイナンスのシステムを立ち上げた。その日以来、休むことなく、システムは私の気づかない場所で稼働し続けている。一切のメンテナンスの手間を必要とすることなく、私のためにお金を生み出し続けているのだ。

あなたも私と同じようになれる。そして、貯蓄や投資、支出に対する考え方を根本から変えることができる。ほかの人たちは後悔の色をにじませながら、「私も本腰を入れてもっと貯蓄に励まなければ」と言うが、それはあくまで守りだ。

私たちはシステムを立ち上げることで、攻めに回る。人間の生来の性質——すぐに飽きる、気を取られる、モチベーションが上がらない——を認めた上で、テクノロジーの力を借りて、お金を増やすのだ。

やるべき作業を今済ませて、亡くなるまで利益を――自動的に――享受しよう！　舵取りをするのはあなただ。

「安定した収入がある人しかできないのでは？」とあなたは訝《いぶか》しむかもしれない。もし収入が不安定なら？　フリーランスで働く人はある月には1万2000ドル稼ぎ、それから3カ月間、収入が途絶えることもある。収入が不安定な場合、どうやってパーソナル・ファイナンスを自動化できるのだろうか？

前章では、それぞれの支出項目に使う金額をあらかじめ決める、意識的支出プランを作成した。あなたは手動で毎月、資金をそれぞれの項目に振り分けなければならないと思っていないだろうか？　そんなことはない。本章では、資金を管理するための自動化システムを立ち上げる。クレジットカード、預金口座、投資口座をリンクさせて、然るべき場所に自動的に資金が振り分けられるようにする。

○後で楽するために今やる

私は年を重ねるごとに仕事量を減らしたいと考えている。仕事量が逆に増えていくようなキャリアをたどっている人に出会うと、いつも困惑してしまう。まるで現実世界のマリオブラザーズのようだ。ステージをクリアするごとに、ゲームの難易度はますます上がっていく。ど

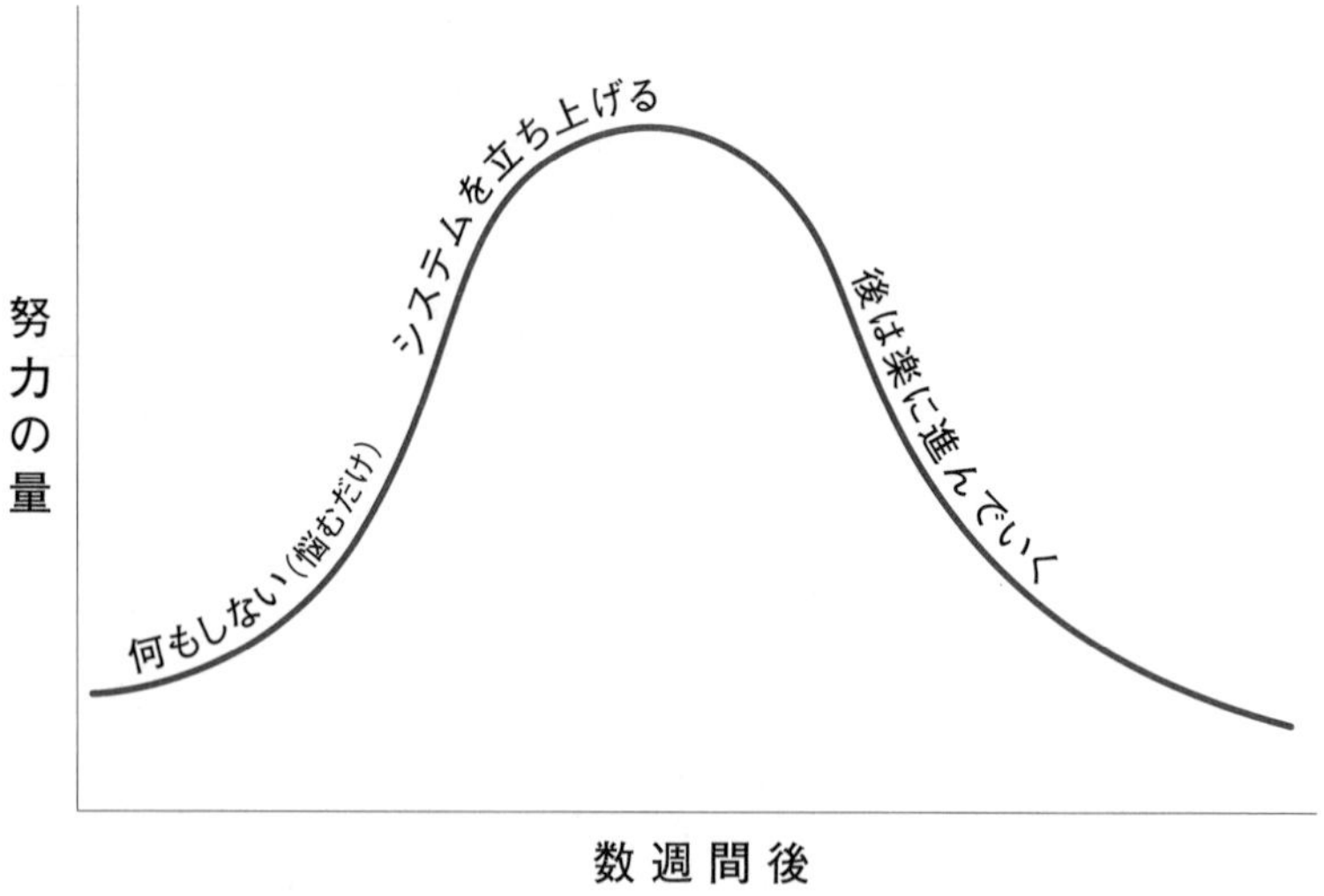

うして彼らはそんな人生を送りたいのだろうか？

だからこそ、私はシステムを愛するのだ。仕事を前倒しで行うことで、その後、何年にもわたって成果を享受していく。今少額を投資に回せば、後々多くの金額を投資に回す必要はなくなる。もちろん、言うは易し、行うは難しだ。お金の管理をし続けられる人などいない。正直に言うと、それは今後も変わらない。お金の管理が好きな人などいるのだろうか？　亡くなるまで毎週、ガレージを掃除するくらいつまらない作業だ。私たちは作業を代行してくれる、自動化システムを夢見ている。

私のアドバイスに従えば、あなたはその夢を叶えることができる。上のグラフのカーブのように、後で楽するために今やるのだ。

何にお金を使うのかと同じくらい、何に時間を投資するのかは大事だ。確かに、自動化システムを立ち上げるまでには多少の時間を要する。何もしない方が楽なのは間違いない。ただ、何もしなければ一生、お金を管理し続けなければならない。最初に数時間投資するだけで、長期的には膨大な時間を節約することができる。お金の管理は自動化され、収入はすべて、考える間もなく然るべき口座に振り分けられる。

たった数時間の見返りはとてつもなく大きい。パーソナル・ファイナンスを自動化することで、あなた自身は楽しいことだけに集中することができる。請求書をきちんと払っているかどうか、心配する必要はなくなる。支出を細かく把握したり、お金をある口座から別の口座へ移す手間をかけることなく、やりたいことをやるためのツールとしてお金を見られるようになるのだ。

○デフォルト設定の威力

人が信じられないほど怠惰であることは、もはや周知の事実だ。多少お金を払ってでも楽をしたがる。私たちはどれほどのお金を、自分たちの怠惰が原因で失っているのだろうか？

ものぐさを治すカギは、決断を自動化することだ。あなたは自分が毎週、律儀に作業を続けられると思うだろうか？　残念ながら、できないだろう。始める瞬間はやる気に満ちているかもしれないが、2週間もすればツイッターとネットフリックスの生活に逆戻りだ。お金の管理に関して、ほとんどの人はそれほど気にかけていない。

あなたはデフォルト設定を利用して、お金を管理しなければならない。自ら手を動かすことなく、貯蓄口座や投資口座にお金を振り分けられるようにするのだ。実際、自動化したことによって、年金口座への拠出を止めることはすでに難しくなっているはずだ。できないからではなく、わざわざやろうと思わないからだ。

はっきり言おう。私も怠惰だ。ただ、その自分の性質を利用するのだ。システムはいったん立ち上がれば、全く手がかからない。仮にあなたがコモドドラゴンに生きたまま食べられても、あなたのシステムは資金をある口座から別の口座へとデフォルト設定で振り込み続ける。背筋は凍るものの、クールなシチュエーションだ。

月に90分でお金を管理する

自動化が進むべき道であることは、おわかりいただけたはずだ。第3章で、あなたは基本的なシステム――意識的支出プラン――をすでに立ち上げた。どのカテゴリーにどれくらいの資金を振り分けるのか、感覚はつかめているだろう。確認のために、4つのカテゴリーにそれぞれ何パーセントの資金を振り分けるのか改めて見てみよう。

支出カテゴリー

支出の目安として利用し、適宜調整しよう。

固定費 家賃、水道光熱費、 借金など	手取り収入の50〜60%
投資 確定拠出年金など	手取り収入の10%
貯蓄目標 バケーション、プレゼント、 頭金、予期せざる支出など	手取り収入の5〜10%
罪悪感のない支出のための資金 外食、飲み代、 映画、服、靴など	手取り収入の20〜35%

それでは、あなたの意識的支出プランを自動化する作業に取りかかろう。私は「次の100ドル」というコンセプトを使って、この作業を行っている。つまり、新たに稼いだ100ドルをどの口座に振り分けるのかという意味だ。すべて投資口座に拠出するだろうか？　10パーセントを貯蓄口座に入れるだろうか？　ほとんどの人は肩をすくめ、どこに振り分けるのか考えることなく、ただ徒《いたず》らに散財する。

そんなことをしてはいけない！　意識的支出プランの指針に従うのだ。第3章で正しいプランを作成していれば、固定費にいくら使うのか、投資、貯蓄、罪悪感のない支出にいくら振り分けるのか、すでにわかっているはずだ。もし100ドル稼いだなら、プランに従って60ドルを固定費に、10ドルを投資に、10ドルを貯蓄に振り分け、残りの20ドルを好きなことに使おう。すべての作業が自動化されれば、考える暇もなく入ってきた資金は預金口座から然るべき口座に振り分けられる。

実際の仕組みを確認するために、私の友人であるミシェルの具体例を見ていこう。

ミシェルの銀行口座には、月に一度給与が振り込まれる。給与の5パーセントは自動的に差し引かれ、確定拠出年金口座に拠出される。銀行口座に振り込まれるのは残りの95パーセントだ。

その翌日、自動化システムによって銀行口座から様々な口座に資金が振り分けられる。ロスIRA〔アメリカの個人年金口座の1つ〕に給与の5パーセント、結婚式に備えた口座に1パーセント、マイホームの頭金に備えた口座に2パーセント、緊急時用の口座に2パーセントが振り込まれる。

固定費も銀行口座から自動的に支払われる。サブスクリプションや請求書のほとんどは自動的にクレジットカードで支払われるよう設定している。カードで支払いができないもの――水道光熱費やローンの返済など――に関しては、銀行口座からの自動振替を設定している。月の最後にカード会社から明細書がメールで送られ、彼女が確認した後、銀行口座からカードの請求額が引き落とされる。

銀行口座に残ったお金は、罪悪感を抱くことなく彼女が好きに使えるお金だ。すでに投資と貯蓄に計画した分のお金を回しているため、何のためらいもなく心の底から買い物を楽しむことができる。

お金を使いすぎないよう、彼女は2つの支出項目に注意している。外食と服だ。YNABというアプリを使って、設定金額を上回った際にはアラートが送られてくるよう設定している。また、万が一のために500ドルの予備資金を銀行口座に入れている（これまでに何度か貯蓄用の口座から資金を移動させる必要があったからだ）。

支出を簡単に把握できるよう、外食や買い物の際にはできるだけクレジットカードで支払うようにしている。過去の経験から、コーヒーやチップ代に月100ドルほどの現金を使うことを知っているため、その分を罪悪感のない支出に加えている。月末に領収書をいちいち確認したり、手動でデータを入力する必要はない。

月の半ばにはカレンダーのアラート機能を使って、予算管理のアプリをチェックするよう習慣づけ、支出がプラン内に収まっているのか確認する。問題がなければそのまま生活を楽しむが、プランを超過している場合は、どこで節約するのかを見定め、プラン内に収められるよう、残りの月を注意して過ごす。

月末には2時間ほどを使って直近の経済状況を確認するが、すでに10パーセントを投資に、5パーセントを貯蓄に回し、すべての請求書とクレジットカードの請求額を払い終え、心の底から好きなことにお金を使えている。

あなたの自動化システムをつくろう

自動化の仕組みは理解できたはずだ。それではこれから、あなた自身の自動化システムを立ち上げていこう。まずはすべての口座をリンクさせ、自動的に資金が口座間を移動するよう設定する。以下の例は、給与を月に一度受け取る前提だが、月に二度受け取る人や収入が不定期なフリーランスの人でも実行できるやり方を併せて紹介する。

まずはあなたが利用する口座とそのＩＤ、パスワードなどの完全なリストが必要だ。30分ほどかけて、すべての情報を一カ所に集めよう。一度行えば、二度と行う必要がなくなる作業だ。

自動化に関する見えざるスクリプト

自動化をほとんど誰も実行しようとしない理由がこれだ。

見えざるスクリプト	その意味
「下落相場のときに機動的に動ける方が、自分でお金をコントロールできているように感じるんだ」	パーソナル・ファイナンスを自動化することにナーバスになるのは理解できる。ただ、心配無用だ。必ずきちんとコントロールできる。いつでも自動化をやめたり、設定を変更することは可能だ。 自分に正直になろう。あなたは毎月、欠かさず投資してきただろうか？　お金を然るべき口座に振り分けてきただろうか?運用資金のリバランシングをしてきただろうか? もし答えがノーであれば、あなたはお金を失ってきたということだ。これからは変えていこう。
「まだほとんど資金がないんだ。自動化する価値を見出せないよ」	今すぐ始めて、習慣づけよう。収入が増えるに従って、習慣により馴染んでいき、システムもあなたと共に成長していく。
「僕は収入の金額に合わせて手動で投資している。毎月の収入が大きく変動するから、自動化は難しいんだ」	収入が不定期で、大きく変動しても、自動化システムは立ち上げられる。179ページを確認しよう。
「正直、どうやればいいのかわからないんだ」	やっと正直に言ってくれる人物が現れた。投資を自分でコントロールしたいなどというのは、口からでまかせにすぎない。投資で大切なのはリターンだ！　自動化の仕方を知らなくても問題ない。このまま読み進めればいい。
「自分でやった方が手数料がかからないよ。お金の管理も自分の好きなようにできるし、目標や進捗状況も強制的にチェックできる。少なくともそう感じるんだ」	そう感じる……。あなたの感情は気まぐれで、あなたを誤った方向へ導き、途方に暮れさせることがある。感情ではなく、証拠に耳を傾けよう。パーソナル・ファイナンスを自動化する方が、自由な時間が増え、お金も増え、投資リターンも高くなるのだ。

○口座をリンクさせる

それでは口座間で自動的に資金が移動できるよう、すべての口座をリンクさせよう。銀行口座にログインすれば、「自動振込」「自動送金」といったサービスが見つかるはずだ。

以下があなたが行うべき口座のリンクだ。

- 給与から毎月、自動的に確定拠出年金口座に拠出するようにする。
- 普通預金口座を貯蓄用の口座（定期預金口座など）につなげる。
- 普通預金口座を証券口座につなげる。
- クレジットカードであらゆる請求書を支払うようにする。例えば、ケーブルテレビの料金を毎月、手動の振り込みで払っていた場合は、クレジットカードで支払うよう設定する。
- 家賃やローンの返済などクレジットカードでは支払えない料金もある。これらは普通預金口座から自動振替するよう設定する。
- すべてのクレジットカードを1つの口座で支払うよう設定する。

資金移動を自動化する具体的な仕組み

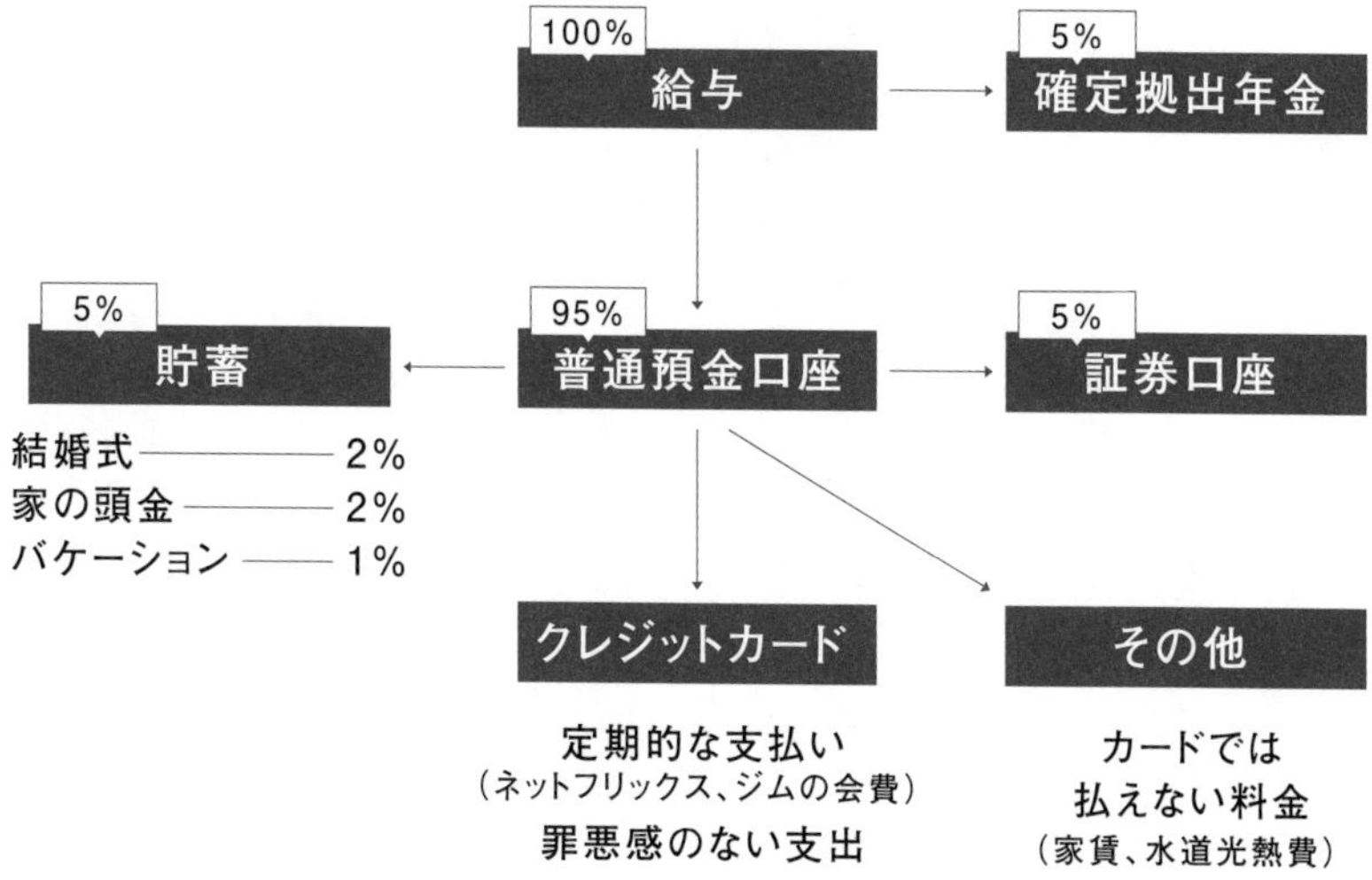

口座のリンクの仕方

この口座から…	この口座に入金する
給与	◦ 確定拠出年金口座 ◦ 普通預金口座
普通預金口座	◦ 証券口座 ◦ 貯蓄用の口座 ◦ クレジットカード ◦ カードで支払えない固定費
クレジットカード	◦ 固定費 ◦ 罪悪感のない支出

お金の流れを自動化する

口座をリンクさせたら、すべての振り込みと支払いを自動化しよう。非常に単純な作業だ。銀行口座やクレジットカードのウェブサイトにログインし、指定した日付に指定した金額が確実に振り込まれる、もしくは支払われるよう設定するだけだ。*

少し注意が必要なのは、正しい日付を選ぶということだ。間違った日付を選んでしまうと、余計な作業が必要になる。例えば、クレジットカードの支払日が1日なのに、給与が15日まで振り込まれないと、どうなるだろうか？　また、それぞれの請求書の支払日を統一しなければ、複数の日時に支払われることになり、いちいち残高を照合する手間が必要になる。

こうした事態を避けるために最も手軽な方法は、すべての請求書の支払日を同じ日に調整することだ。請求書を送ってくる各会社に電話して、支払日を同じにできないか頼んでみよう。**おそらく5分ほどで済む作業だ。もしあなたの給与の支払日が1日であれば、その辺りに請求書が送られてくるよう調整する方が都合は良い。

あなたの給与の支払日を1日目と仮定すると、具体的には以下のような手順で作業を行うことになる。

2日目：給与の一部は確定拠出年金口座に自動的に拠出され、残りが直接、銀行口座に振り込まれている。あなたにとって、銀行口座はメールの受信トレーのようなものだ。まず最初に銀行口座にすべてが入金され、そこからふさわしいところに振り分けられていく。最初にシステムを立ち上げた際には、万が一のための予備として500ドル入金しておくことを勧めたい。数カ月後には、その500ドルを引き出してもかまわない。

5日目：貯蓄用の口座に振り込む。銀行口座にログインして、5日目に自動的に貯蓄用の口座に設定した金額が振り込まれるよう設定しよう。万が一のアクシデントに対応できるようにするために、5日目まで待つことにしている。もし給与が1日目に振り込まれなかったとしても、4日あれば対応したり、振り込みをキャンセルしたりできるからだ。

あなたの意識的支出プランに従って、金額もしっかり設定しよう。もし現段階でプランに沿った金額を貯蓄に回せなくても、心配する必要はない。とりあえず5ドル振り込むよう設定し、システムがうまく機能するかどうか確かめよう。金額は重要ではない。システムがどのように機能するのか確認できれば、金額を増やしていくのは簡単だ。

＊金融機関によって振込手数料や自動送金取扱手数料が発生する場合があります
＊＊会社によって支払日の変更ができない場合があります

5日目：証券口座に振り込む。貯蓄用の口座への振り込みと同じように、銀行口座にログインして証券口座にも自動的に振り込むよう設定しよう。意識的支出プランを参照して、振り込む金額を設定する。理想的には、手取り収入の10パーセントから確定拠出年金口座に拠出した金額を差し引いた金額を振り込もう。

7日目：その月の請求書をすべて支払う。銀行口座にログインし、ケーブルテレビや水道光熱費、自動車ローン、学生ローンなど、すべて7日目に自動振替するよう設定しよう。私はクレジットカードでの支払いを好む。ポイントがもらえるし、アプリなどを使って支出を把握することが容易になるからだ。ただ、カードが使えない請求書に関しては、銀行口座から直接、引き落とされるよう設定する。

7日目：クレジットカードの請求額を支払う。カード会社のウェブサイトにログインし、7日目に請求額が全額、銀行口座から引き落とされるよう設定しよう。仮に請求額を全額払えなくても、心配する必要はない。自動支払いの設定は問題なくできるはずだ。とにかく払える金額だけ払うようにしよう。

また、カード会社から毎月の明細書がメールで送られてくるよう設定しておこう。銀行口座

お金の移動

日付	起こること
1日目	○給与が直接、銀行口座に振り込まれる
2日目	○給与の一部を確定拠出年金口座に拠出
5日目	○銀行口座から貯蓄用の口座に自動的に資金が振り込まれる ○銀行口座から証券口座に自動的に資金が振り込まれる
7日目	○請求書の金額が銀行口座とクレジットカードから自動的に支払われる ○クレジットカードの請求額が銀行口座から自動的に支払われる

からクレジットカードの請求額が引き落とされる前に、明細を確認できるようにしておくのだ。そうしておけば万が一、口座の残高が足りないときでも、その月の支払額を減らすなどして対応する時間的余裕が生まれる。

○給与の支払いが不定期の場合

以上が基本的な自動化システムのスケジュールだ。このスケジュールを見て、「収入が定期的な人はいいけど、私の収入は月に一度ではなく、不定期なんです」と思っている人もいるかもしれない。それでも全く問題ない。システムをあなたの給与スケジュールに合わせて調整することは可能だ。

月に二度の支払いの場合：1日目と15日目を起点に作業を半分に分割すればいい。大切なのは、支払日に遅れないことだ。だからこそ、請求書の到着日を1日目に変更することが大切なのだ。例えば、請求書の支払いを一度目の給与で行い、貯蓄用の口座と証券口座への振り込みを二度目の給与で行うようにしよう。

ほかにも以下のような方法がある。

- 一度目の給与の際に半分の支払いと振り込み（年金口座、固定費）を行い、二度目の給与の際に残り半分の支払いと振り込み（貯蓄、罪悪感のない支出）を行う。

・あらかじめ予備の資金を口座に入れておく。つまり、請求書の支払いや貯蓄用口座、投資用口座への振り込みを予備の資金を使って行い、毎月の給与で金額を補填していくというやり方だ。例えば、もしあなたの手取り収入が月に4000ドル（半月ごとに2000ドル）であれば、6000ドルを銀行口座にあらかじめ入れておき、自動化システムのスケジュールに沿って支払いや振り込みを行うのだ。

なぜ6000ドルなのか？　給与支払いの遅延などトラブルが発生したときに対応できるよう、金額に余裕を持たせておきたいからだ。もし予備の資金を口座に入れておける金銭的な余裕があるのであれば、この方法はあなたのシステムをシンプルにできるすばらしいやり方と言える。

収入が不定期の場合：ある月に1万2000ドル稼いだ後、2カ月収入がないようなフリーランスの人々はどうすればいいのだろうか？

幸いなことに、このシステムは収入が不定期な場合でも問題なく機能する。ただ、追加的なステップが必要になるだけだ。簡単に説明すると、稼ぎが多い月に貯蓄を増やして、稼ぎが少ない月の収入を補うのだ。収入が少ない月に備えた蓄えが十分な金額になれば、通常のやり方でシステムを利用できるようになる。稼ぎが少ない月が来ても、それまでに備えた蓄えを利用することができる。

まず最初に、これは意識的支出プランにはない作業だが、毎月、生活していくためにいくら必要なのかを計算しよう。家賃、水道光熱費、食費、ローンの返済など、あくまで最低限必要となる金額だけだ。まず、これらの支出額を紙に書き出そう。

ここから意識的支出プランに戻り、最低限の生活に必要な金額の3カ月分を貯めるという目標を新たに加えよう。例えば、もし最低でも月に3500ドル必要なら、蓄えとして1万500ドル必要になる。この金額を貯蓄項目の1つとして加えるのだ。資金の原資は2つある。まず、いったん投資のことは忘れ、投資に回すはずだった資金をこの貯蓄に回すようにし、さらに収入が多い月に余った資金もこの貯蓄に回そう。

クッションとして3カ月分の資金が貯まったら、まずはおめでとう！　安全な資金が貯まったことになり、収入が安定している人と同じように意識的支出プランを実行できるはずだ。収入が少ない月でも、余裕を持ってその月の支出をカバーすることができ、収入が多い月に、3カ月分という目安に沿って資金を補填すればいいだけだ。

通常の意識的支出プランに戻ったら、投資口座に資金を回すようにしよう。あなたは自営業であるため、企業型の確定拠出年金プランは利用できない。そのため、個人型確定拠出年金（イデコ）の制度を利用しよう。

クレジットカードを確認する

私は買い物の際は、できる限りクレジットカードを使うようにしている。アプリを使えば、利用明細をダウンロードして支出を項目別に分類できるからだ。さらに、旅行に使えるポイントを貯めたり、ショッピング保険を利用できるといった利点もある。

私は以前は毎週、週末に5分ほどかけて、クレジットカードの明細をくまなく確認していた。間違った請求があれば、カード会社に電話をかけ、対応してもらうのだ。

飲食店などでチップを払った際に、特に請求額をしっかり確認するようにしている。レストランに行った際には必ず領収書をもらい、デスクの書類フォルダーに入れておき、毎週日曜の夜にフォルダーをチェックして、領収書とクレジットカードの明細を照合するのだ。パソコンのキーワード検索機能（Ｃｔｒｌ＋Ｆ）を使って金額（例えば、43・35ドル）を探せば、不正な請求がないかどうか確認できる。

もしチップを含めて43・35ドルだったはずなのに、レストランから50ドル請求されていた場合、誰かが小銭をくすねようとしているということだ。その場合はどうするべきか？　すぐにカード会社に連絡すれば、きちんと対応してくれるはずだ。

今では週に一度の確認は行っていない。経験を積めば積むほど、おかしな支出にはすぐに気づけるようになるし、仮にチップを6ドル多めに払っていたところで、もはや大した問題ではないと思っているからだ。

確かに、お金の使い方に対する意識を高めることは大事だ。ただ、最終的には大局に集中することが最も重要であり、自動化システムもあくまでそのための手段だ。どのようなシステムを立ち上げたところで、無駄な出費をゼロにはできない。もし誰かが5ドル多めにチップをくすねようとしていたとしても、それも人生だ。

どのようなシステムにも必ず瑕疵《かし》があり、そこから何かが抜け落ちる。ただ、大局を見誤らない限り、あまり気にする必要はない。

いつお金を使えるようになるのか？

お金を管理するための自動化システムを無事に立ち上げることができた。収入は毎月、自動的に投資口座と貯蓄口座に振り分けられている。勝負所に集中することで、支出も効率的に最適化することができた。では、いつお金を使えるようになるのだろうか？

良い質問だ。この質問を訊いてくる人は、自分がお金を貯めこみすぎているのではないかと心配している。

答えはシンプルだ。お金をコントロールし、貯蓄の目標額も達成している場合は、残ったお金を好きに使うべきだ。自分の貯蓄項目を見てみよう。もしそこにバケーションや新しいスノーボードといった項目がなければ、それらの項目を加えるべきだ。果たしてお金は何のためにあるのだろうか？

お金には存在する理由がある。あなたがやりたいことをやるためだ。確かに、今稼いでいるお金を使わずに投資に回せば、将来もっと大きな価値になる。ただ、明日のためだけに今を犠牲にするのは、正しい生き方ではない。ほとんどの人が見落としているある投資がある。それは自分自身への投資だ。

旅行について考えてみよう。将来的に、あなたにどれほどの価値をもたらすだろうか？　自分が働いている分野の一流の人と接する機会が持てる会議に参加するのは？　私の友人のポールは「人脈のための予算」をプランに加えていた。毎年、面白い人たちに会いに行くために使うお金だ。自分自身に投資すれば、潜在的なリターンは無限だ。

もし設定した目標に近づいているなら、貯蓄額を減らして、罪悪感のない支出に割り当てる資金を増やすという選択肢もある。

私の場合、慈善活動が人生に最大のリターンをもたらしてくれた。時間であれお金であれ、社会に奉仕することの重要性は、どんなに強調してもしすぎることはない。周囲のコミュニティでも、グローバルなコミュニティでもかまわない。地元の学校や組織に少しだけ自分の時間を捧げよう。もしくは、あなたが信奉する理念に寄与している慈善団体に寄付しよう。

貯めすぎというのはぜいたくな悩みだが、幸いなことにすばらしい解決策が用意されている。

最後に、税金について少し説明を加える。フリーランスで働く場合、会社員のときには会社が対応してくれていた納税も自分で責任を持たなければならない。ここでは大まかな原則だけを紹介するが、詳しくは専門の税理士に相談することを勧める。

フリーランスで働く人の多くが税制に詳しくないため、納税の時期が来ると顔を真っ青にする。予期せず大きな額を滞納してしまったフリーランスの働き手を、これまで何人も見てきた。大まかな目安として、収入の4割を税金のために備えておこう。3割でかまわないという人もいるが、私は保守的でありたい。年度末に滞納するくらいなら、貯めすぎていた方がマシだ。

専門の税理士は、具体的に備えておくべき金額や納税の自動化について的確なアドバイスをくれるため、できれば彼らに相談しよう。相談する価値のあるアドバイスをもらえるはずだ。

自動操縦モードに突入

おめでとう！　あなたのお金の管理は自動操縦モードに突入した。請求書は支払日に遅れることなく自動的に支払われる。毎月の投資と貯蓄も自動的に行われる。このシステムの最大の利点は、手間をかける必要がないということだ。また、自由に口座を加えたり、取り除いたりできる柔軟性も併せ持つ。デフォルト設定に従ってお金を貯められるのだ。

私がこのシステムを好む理由は3つある。

人間心理を利用している。今のところ、あなたのお金の管理に対するモチベーションは高いはずだが、3カ月後、もしくは3年後を想像してみてほしい。おそらく忙しくなり、ほかのことに気をとられているのではないだろうか。それが普通だ。ところがあなたのモチベーションに影響されることなく、このシステムはあなたが知らないところでお金を増やし続けてくれる。これまで多くの人が活用してきたシステムだ。あなたもきっと、うまく活用できるはずだ。

共に成長する。投資金額が月にわずか100ドルでも、あなたのシステムは問題なく機能する。ただ、何度か昇給し、安定した投資収益を得て、ほかにも突発的な収入（税金の還付など）があったと想像してみてほしい。月に1万ドル、もしくは5万ドル投資できると想像してみるのだ！　それでもシステムは変わらず、見事に機能し続けるだろう。

冷静な判断ができる。このシステムの好きなところは、日々の感情的な決断を必要とせず、長期的で冷静な決断だけに集中できるということだ。例えば、人々は日々の買い物を次のように表現する。デザートが欲しいという衝動に「必死」に「抵抗」する。コーヒーを買うことに「罪悪感」を抱く。高級ハンドバッグにお金をかけると「後ろめたい気持ち」になる。

私はこれらの単語が嫌いだ。非常にネガティブだ。お金に関しては、ポジティブな側面だけを見るべきだ。そのためには、数限りないミクロの決断に頭を悩ませてはいけない。大局的な決断に集中すべきだ。

このシステムを立ち上げることで、あなたが思い描いてきたリッチな生活のビジョンを実行に移すことができる。また、何にお金を振り分けるのかによって、自分の価値観を改めて認識することができるはずだ。私は日頃から「スケジュール帳とお金の使い方を見れば、その人の優先順位がわかる」と語っている。自分のお金の使い方を見て、自分について何を理解できただろうか？

例えば、私は——罪悪感を抱くことなく——服にお金をかける。信じられないほど高額なカシミアのスウェットパンツを持っている。まるで雲を着ているような着心地だ。友人のひとりはその値段を知り、仰天していた。単独の買い物として見ると、確かにバカげているほど高い。ただ、このシステム全体の中で捉えると、カシミヤのスウェットパンツは単なる罪悪感のない支出の1つにすぎない。「頭がおかしい」とか「バカげている」などの言葉で形容すべきものではない。欲しかったし、買う余裕があったから、買ったまでだ。

単に散財するだけがお金ではない。思い出をつくったり、心から楽しめる経験をするために使うこともできる。私は結婚したとき、妻と一緒に自分たちにとって何が重要かを真剣に考えた。ふたりとも幸運なことに、両親が仲良く、健在だった。私と妻の夢の1つはお互いの両親に新婚旅行に帯同してもらい、かけがえのない思い出を一緒につくることだった。私たちは彼らをイタリアに招待し、食べ歩きや料理教室、ワインテイスティングを楽しんでもらった。

私と妻は記憶に残る思い出をつくりたいという思いを共有していた。そのために、自動化システムを微調整した。

両親が人生で初めて、できたてのチーズを試食したときの思い出は、一生忘れられないだろう。リッチな生活を送るために、お金はささやかながら重要だと言っているが、まさにこのことだ。

ところであなたは今、毎月貯めている投資資金をどのように運用すべきか疑問に思っているかもしれない。現状では、口座に資金は貯まっていくものの、ただ寝かせているだけだ。これから何かに投資して、働いてもらわなければならない。次章では、いかにして最高の投資家になるのか、そしていかにして投資資金からリターンを得ていくのかについて見ていく。

第4週のアクションステップ

1 **あらゆる口座の情報を1カ所にまとめる。**口座をリンクさせるためには、すべての口座にログインする必要がある。口座に関するすべての情報を1カ所にまとめると、作業は見違えるほど楽になるはずだ。

2 **口座をリンクさせる。**自動化システムを立ち上げるために、口座をリンクさせよう。すぐにできる。ただ、実際にリンクされるまでに3~5日かかることはあるかもしれない。

3 **自動化システムを立ち上げる。**口座をリンクした後は、自動振り込みと自動支払いの設定をしよう。あなたのシステムは自動的に投資口座と貯蓄口座に資金を振り込み、固定費を支払ってくれる。残ったお金は、罪悪感のない支出として好きに使える。

第5章

「投資のプロ」は「素人」の運用に勝てない

金融の専門家の話が役に立たない理由

目隠しされた状態で、12ドルのワインと1200ドルのワインを試飲するとする。あなたにその違いがわかるだろうか？

ボルドー大学のフレデリック・ブロシェが2001年に実施したある研究は、ワイン業界を震撼させた。彼はワインの専門家がどのようにワインを評価しているのか、その判断基準を調べるために、57名の著名な専門家を招待して2種類のワインを試飲してもらった。1つは赤ワイン、もう1つは白ワインだ。

2つのワインをテイスティングした後、専門家たちは赤ワインを「強い」、「濃厚」、「香ばしい」などと評した。赤ワインを表現するのによく使われる言葉だ。一方、白ワインの方も同じように「鮮やか」、「新鮮」、「香りがいい」といった標準的な言葉で表現された。誰ひとりとして気づかなかったが、実は2つのワインは全く同じものだった。いずれも白ワインで、赤ワインは着色料で色づけされたものだったのだ。

考えてみてほしい。57人ものワインの専門家が集まり、誰ひとりとして全く同じワインを飲んでいたことに気づかなかったのだ。

専門家について、読者の方々に是非伝えておきたいことがある。

アメリカ人は専門家が好きだ。背の高い、制服を着たパイロットがコックピットに座っていると、私たちは安心する。医者は正しい薬を処方してくれると信頼しているし、弁護士は複雑な法律問題を解決してくれると確信している。また、メディアのコメンテーターが話す言葉には熱心に耳を傾ける。

専門家は経験や受けた訓練に見合った報酬を受け取るべきだと私たちは教えられる。家を建てたり、親知らずを抜くときに、道端を歩いている見ず知らずの人を雇おうとはしない。教師、医師、投資のプロ。私たちは専門家の指示に従うよう教えられる。ただ、専門性というのはあくまで成果で測られるべきだ。一流の大学で一流の学位を取ったところで、求められている成果をあげられなければ、その専門性に意味はない。アメリカには専門家を崇拝する文化があるが、果たして彼らは期待されている成果をあげてきたのか。金融に関する限り、実情はかなりお粗末だ。

金融リテラシーの面では、私たちアメリカ人は落第点しか取れていない。最近の調査によると、全国金融リテラシーテストにおいて高校生の正答率は61パーセント、大学生の正答率は69パーセントだった。テストの内容は基本的な質問事項ばかりだ。

私たちは「投資」とは次に一番上昇する銘柄を予測することだと勘違いしている。貯蓄と投資を通して豊かになるどころか、ほとんどのアメリカ人は借金を抱えている。何かが間違っているのだ。

投資に関する限り、世の中には選択肢があふれている。小型株、中型株、大型株、ＲＥＩＴ（不動産投資信託）、債券、グロース株、バリュー株、ブレンド型ファンド。もちろん、経費率、金利、アロケーション、分散投資といった要素も考慮に入れる必要がある。だからこそ、多くの人が「誰か専門家に代わりにやってもらえないかな」などと考えるのだ。だが実際は、金融の専門家――特にファンドマネジャーやマーケットを予測しようとする人たち――は素人同様の成果しかあげられていない。素人よりパフォーマンスが悪いことも珍しくないのだ。

自分で投資することで、大多数の人は専門家よりも高いリターンをあげられる。ファイナンシャル・アドバイザーやファンドマネジャーなど必要ない。手数料の安いインデックスファンドに投資するだけでいいのだ。

平均的な投資家にとって、金融に関する高度な専門性に価値があるというのは幻想だ。理由の詳細については後で詳述するが、自分が金融の専門家をこれまでどのように扱ってきたのか考えてほしい。彼らに崇めるほどの価値があっただろうか？　数万ドルの手数料を払う価値があっただろうか？　もしそうであれば、どれほどの成果を彼らに期待するだろうか？

リッチになれるかどうかは、あなた自身にかかっている。どこかの見知らぬ専門家ではなく、あなたの貯蓄額と投資プランにかかっているのだ。この事実を認めるには勇気がいる。あなたがリッチではない理由を他人や環境のせいにできないからだ。

手数料の割高なアクティブファンドに投資したり、マーケット以下のリターンしか実現できないファイナンシャル・アドバイザーに頼るのはお金の無駄だと私が指摘すると、読者の一部は「でたらめばかり言うな！」などと訴えてくる。税金や手数料を考慮に入れた実質リターンを理解することなく、「そんなはずはない。俺の投資リターンを見てみろ」などと言ってくる人たちもいる。

本章では、最もシンプルな投資アプローチを採用することで、プロに見劣りしない投資リターンがあげられるということを明らかにしていく。専門家に頼ったところで期待する成果をあげられないという事実に関しては、客観的なデータで裏付けるつもりだ。また、自分で投資する方法についても詳しく説明していく。

相場の先行きは専門家にも予測できない

専門家に勝つ方法について説明する前に、彼らが実際にやっていること、そして彼らのアドバイスがなぜ的外れなのかについて、少し詳しく見ていくことにする。

最もわかりやすい金融の専門家と言えば、評論家とポートフォリオ・マネジャー（ミューチュアル・ファンドの資金運用を管理する）だ。彼らは相場の先行きを予測し、金利や原油価格、中国の蝶の羽ばたきが、いかに株式市場を動かすのかについて説明する。こうした彼らの予測を「市場の頃合いをはかる」と言う。ところが実際は、彼らは全く相場の先行きを予測できていない。相場がどれくらい上がるのか、どれくらい下がるのか、もしくは上がるのか下がるのかでさえも、見通すことができていないのだ。

私はエネルギー業界や為替市場、グーグルの株価について、意見を求めるメールを毎日のように受け取る。誰にそんなことがわかるのだろうか？　私にはわからない。とりわけ短期的な動きは全くお手上げだ。残念ながら、マーケットの動きを予測できる人などこの世にいない。それでもテレビのコメンテーターは毎日、その日の相場の動きを堂々と予測する。彼らは予測が正しかろうが、間違っていようが、全く責任を取るつもりはない。

メディアは日々のマーケットの些細な動きを報じて利益を得ている。株式指数の数百ポイントの下落を受けて、専門家が暗い見通しを出すことがあれば、3日後には500ポイントの上昇を受けて、新聞の一面が希望一色に満ちていたりする。見ている分には面白いが、一歩後ろに下がって、自分自身に問いかけてみてほしい。「ここから何かを学んでいるだろうか？　日々の相場の動きに困惑させられているだけなのでは？」。

情報は多いほど良いわけではない。特に利用価値がなく、過ちにつながりやすい情報は有害ですらある。つまり、専門家の予測は全く無視してもかまわないということだ。彼らには将来、株式市場で何が起きるのか知る由もないのだ。

少なくとも彼らの方が自分よりもマーケットについては詳しいと思うかもしれないが、彼らのトレーディングを見る限り、ファンド・マネジャーも金融業界の嘘の餌食になっている。彼らは頻繁に株式を売買し、最新の注目株を追いかけ、数多《あまた》の一般投資家が気づいていない何かに自分は気づいていると勘違いしている。そして、顧客に対して法外な報酬を要求してくる。にもかかわらず、75パーセントの確率で相場に負けているのだ。

「でもラミット、僕のファンドは違うよ。過去2年間で80パーセントものリターンを叩き出しているんだ」とあなたは言うかもしれない。申し分のないリターンだ。ただ、数年間、相場をアウトパフォームしたからといって、次の年もアウトパフォームできるとは限らない。

S&Pダウ・ジョーンズ・インデックスは2000〜2016年までの調査を行い、ある年にベンチマークを上回ったファンド・マネジャーは、その翌年には同じようなリターンをあげられないことを明らかにした。同社のシニアアナリストであるライアン・ポイエーは「ある年に指数をアウトパフォームしたアクティブファンドのマネジャーが、その翌年に再び指数をアウトパフォームできる確率はコインで表（もしくは裏）が出る確率より低い」と語っている。

専門家は市場の頃合いをはかれない

専門家やメディアは私たちの注目を集める術《すべ》に長けている。派手なグラフィック、声の大きなコメンテーター、当たることのない大胆な予測。見ている分には楽しませてもらえるが、実際のデータはどうだろうか。

パトナム・インベストメンツは、S&P500の過去15年間のパフォーマンスを研究した。

その期間の年率リターンは7・7パーセントだったが、驚くべきことに、その15年の間でマーケットが最も上昇した10日間を投資家が逃した場合、年率リターンは2・96パーセントまで落ち込むというのだ。さらにマーケットが最も上昇した30日間を逃せば、投資家の年率リターンはマイナス2・47パーセントまで下がる。マイナスに転じるのだ！

ドル建てで説明すると、もし1万ドルを投資して、15年間動かさなければ、資産は3万7711ドルまで増えるが、そのうち最良の10日間を逃した場合、1万5481ドルとなり、最良の30日間を逃せば、6873ドル、つまり投資元本を下回るのだ。

驚くべき数字だ。相場は「明らかに」下がるなどと訴えるような友人や専門家の言葉がにわかには信じがたくなるだろう。彼らの言葉は無視してかまわない。相場の先行きを予測するのは確かに気分がいいが、率直に言って、投資と複利に関する限り、感情に任せるとろくなことにならない。

長期的な唯一の解決策は、不況のときでも定期的に投資し、できる限り多くの資金を手数料の安い分散型のファンドに投資することだ。長期投資家が「投資するタイミングではなく、投資する期間を大切にしよう」と言うのはそのためだ。

もし私が2008〜2018年にかけて最も上昇した銘柄を当ててみてほしいと頼めば、グーグルを挙げる人は少なくないだろう。果たしてドミノピザを挙げる人が何人いるだろうか？　2008年1月にグーグルに1000ドル投資していれば、10年後には3000ドルを少し上回っていた。10年で3倍というのは申し分のないリターンだ。ただ、もし同じ1000ドルをドミノピザに投資していれば、あなたの投資資金は約1万8000ドルまで増えていた。

つまり、どのファンドやどの銘柄がマーケットをアウトパフォームするのかを長期間にわたって予測し続けることは不可能だということだ。できると言い張る人は、単なる嘘つきだ。

専門家の予測は無視しよう。人生で一度きりの、まぐれの結果は無視しよう。ファンドの過去1〜2年のパフォーマンスは無視しよう。ファンド・マネジャーも短期的には優れたパフォーマンスを叩き出すことがある。ただ長期的に見ると、相場に勝つことはほぼ不可能だ。経費はかかるし、正しい銘柄を当て続けることが確率的に難しくなるからだ。ファンドを評価する唯一の方法は、少なくとも10年以上の長期のトラックレコードを見ることだ。

金融の専門家は悪い成績を隠す

これまで見てきたように、専門家はよく間違える。ただ、より厄介なのは、彼らは自分たちのトラックレコードを隠す術《すべ》に長けており、私たちは彼らの失敗に気づくことができないということだ。実際、金融業界——金融機関も専門家も含め——はあなたが想像しているよりも卑劣な行為を行っている。

彼らは絶対に自らの過ちを認めない。『最も賢い投資本（*The Smartest Investment Book You'll Ever Read*）』の著者であるダニエル・ソリンはある研究に基づき、モーニングスターなどの格付け会社——投資判断の際に投資家が利用できるレーティングを付与する会社——がいかに株主価値を毀損するような会社を投資家に推奨し続けているのか、以下のように説明している。

破産申請することになるある会社に対して、50社の格付け会社のうち47社が実際に破産を申し立てる日まで投資家に「買い」、もしくは「ホールド（保有継続）」の推奨を続けていた。破産申請することになる19社のうち12社が、実際に破産を申し立てる日にも「買い」、もしくは「ホールド」の推奨を格付け会社から受けていた。

一方、モーニングスターのような格付け会社が行うファンドのレーティングは、ファンドの価値をシンプルに反映したものであるべきなのだが、実際のレーティングは完全にナンセンスだ。それには以下の2つの理由がある。

第一に、最高格付けである5つ星のレーティングを付与されたところで、そのファンドの成功は保証されない。クリストファー・ブレイクとマシュー・モレイが行った研究によると、レーティングの低いファンドは格付け通りにパフォーマンスが低迷するものの、レーティングの高いファンドは格付け通りの動きをしない。彼らは「モーニングスターのレーティングが最も高いファンドが、それ以下のレーティングのファンドのパフォーマンスを上回るという統計的な証拠はほとんどない」と指摘している。5つ星のレーティングが付与されたからといって、そのファンドの将来のパフォーマンスが良いとは限らないのだ。

第二に、ファンドのレーティングにおいて、運用会社は生存者バイアスに陥っており、それが運用会社の成績の全体像を見えにくくしている。運用に失敗したファンドは清算させられるため、ファンドのパフォーマンスの研究には含まれず、生存者バイアスが起きる。

例えば、ある運用会社が100のファンドを立ち上げた場合、数年後には50のファンドしか残っていないかもしれない。会社は残った50のファンドのパフォーマンスを宣伝する一方、失敗した50のファンドについては口を閉ざし、歴史から抹消される。つまり、私たちがウェブサイトや雑誌の「好調なファンドベスト10」のページを読む際には、そこには載っていないファンドについても想像を膨らませる必要がある。そこに載っているファンドは清算されなかったファンドだ。成功したファンドの中には、いくつか5つ星のファンドが含まれていて当然なのだ。

運用会社は生存者バイアスについて認識しているものの、真実を明らかにするより、雑誌に好調なファンドが並んでいるという見栄えを重視する。ファンドを短期間のパフォーマンスでテストし、最も優れたファンドだけを公に売り込むことによって、優れたファンドを運用する会社という評判を手に入れようと目論むのだ。

15パーセントのリターンを出しているファンドが並ぶページを見れば、将来的に15パーセントのリターンが保証されていると、投資家は当然考えるだろう。部外者には察知しようがなく、非常に狡猾なトリックと言える。モーニングスターのような信頼性の高い企業から5つ星のレーティングが付与されれば、さらに箔がつく。ただ、こうしたトリックを熟知している私たちは、金融の専門家や金融機関が私腹を肥やすことを優先し、顧客に最高のリターンをもたらそうとはしていないことを見抜いている。

実際にマーケットに勝った伝説の投資家たち

世界には何十年にもわたってマーケットに勝ち続けてきた投資家がいる。例えば、ウォーレン・バフェットは53年にもわたり、年率20・9パーセントのリターンを維持してきた。また、フィデリティのピーター・リンチは13年にわたって年率29パーセントのリターンを、イェール大学の最高投資責任者であるデーヴィッド・スウェンセンは33年にわたって年率13・5パーセントのリターンを実現している。彼らは卓越した投資スキルを有しており、世界で最も優秀な投資家という称号を獲得している。ただ、彼らがマーケットに勝ち続けているからといって、あなたや私にも同じことができるとは限らない。

私がヘビー級のボクシング王者になることが不可能ではないのと同じように、理論的にはマーケット（およそ8パーセントの実質リターン）をアウトパフォームし続けることは可能だ。世界中で数百万人の投資家がマーケットを打ち負かそうとしのぎを削る中で、統計的には極端なパフォーマンスを叩き出せる投資家の数は非常に限られている。彼らの成功がたまたまなのか実力なのか、それは誰にもわからない。

専門家たちも、個人投資家は彼らのようなリターンを期待すべきではないと口をそろえる。例えば、スウェンセン自身はプロの恵まれた環境のおかげで高いリターンを達成できたと説明している。さらに重要なのは、私たちにはアクセスできない投資先——例えば、最も優れたベンチャーキャピタルやヘッジファンドなど——を彼が利用できたということだ。プロの投資家たちは起きている間のすべての時間を投資のための研究に費やし、機密の情報や取引にもアクセスできる。零細投資家である私たちが彼らと競争できる可能性はほとんどないのだ。

投資家をだます方法

長期的にマーケットに勝ち続けることがほぼ不可能であるということは、理解してもらえたはずだ。では、なぜ一部のファンドが投資家に抗《あらが》いがたく魅力的に見えるのか、そのカラクリをこれからわかりやすく説明する。

1、2年、長ければ3年もの間、ファンド・マネジャーが幸運であり続けることはあり得る。ただ、マーケットに長期間ずっと勝ち続けることは確率的にはあり得ない。自分のサービスを素人の投資家に売り込みたい悪徳詐欺師は、以下のような単純な手口を利用する。

彼は1万人にメールを送り、「私の持っているインサイダー情報を証明するための無料のメールです」という言葉を書き添えた上で、送信者の半分にはA社の株が上がると伝え、残りの半分にはB社の株が上がると伝える。その数週間後、彼はA社の株がたまたま上昇したことに気づく。

彼はB社の株が上がると伝えたグループを排除し、A社の株が上がると伝えたグループだけに照準を絞り、彼らに「私が伝えた通りになりました」とメールを送る。さらにグループを半分に分け、2500人にはC社の株が上がると伝え、残りの2500人にはD社の株が上がると伝える。もしC社かD社の株が上がれば、2500人が2回連続で彼の選んだ株の上昇を目の当たりにすることになる。このサイクルが続くごとに、メールの受信者は彼の投資家としての手腕をますます信頼するようになるというわけだ。

私たちは常に整合性を保ちたがるため、単なる偶然にもかかわらず、この詐欺師に銘柄選別の特別な能力が備わっていると信じこみ、彼が売り込むサービスに手を出してしまう。5つ星のファンドが投資家に魅力的に映るのも、全く同じ理屈だ。

この話の教訓：たまたま短期間、成功したからといって、自称の金融専門家を信用してはいけない。

ファイナンシャル・アドバイザーは必要ない

投資にまつわるメディアの過剰な宣伝や、プロの投資家のパフォーマンスに対する私見をこれまで述べてきた。私が読者に注意喚起しておきたい、残るもうひとりの専門家がファイナンシャル・アドバイザーだ。

「でもラミット、僕には投資に割く時間がないんだ！　どうしてファイナンシャル・アドバイザーを利用してはいけないんだ？」と思う人もいるかもしれない。おなじみの外部委託をめぐる議論だ。私たちは洗車、クリーニング、家事などを外部委託している。ではどうして資産運用を外部委託してはならないのか？

結論から言うと、大半の若い人にはファイナンシャル・アドバイザーは必要ない。投資に求めることがシンプルであるため、多少の時間をかけるだけで、パーソナル・ファイナンスの自動化システムを自らの手で立ち上げることができる。

さらに、ファイナンシャル・アドバイザーは必ずしもあなたの利益を優先しているわけではない。彼らは表向きはあなたの決断をサポートするのが仕事だが、あなたの最善の利益を追求する義務があるわけではないということを肝に銘じておこう。有益なアドバイスをしてくれるアドバイザーもいるが、大半は役に立たない。委託手数料目的で、顧客に高額なファンドを買わせようとする輩《やから》も多い。

私の友人の体験談

数年ほど前、友人であるジョーから彼が投資している資産について意見を求められた。頼りにしていたファイナンシャル・アドバイザーにだまされているのではないかと疑念を抱いていたのだ。5分間話しただけで、彼がまずい状況にいることがわかった。ジョーは若手の起業家で、大金を稼いでいたため、そのアドバイザーは彼を利用すれば今後40年間、お金を巻き上げられることを理解したのだ。

私は彼に次のように告げた。

- 「終身保険」や「年金保険」など、危険信号を発するいくつかのキーワードが含まれている。つまり、君はほぼ間違いなく無駄なお金を払っており、最悪、だまされている可能性すらある。
- 過度な手数料を払わされており、君の年収であれば、手数料は将来的に数十万ドルにもなり得る。
- 手数料の安い証券会社にサービスを移行すべきだ。手数料は抑えられ、運用パフォーマンスも改善するだろう。そのアドバイザーは感情に訴えかけるあらゆる手段を駆使して、君の行動を阻止しようとしてくる。そのため、口頭ではなく文書でやり取りしよう。

まさにショーが始まろうとしていた。私は椅子に座り、両手をこすり合わせた。こういう輩《やから》のために私がいるのだ。

次の週、彼とそのアドバイザーはメールでのやり取りを繰り返した。予想通りジョーの契約解除の意向を受け、アドバイザーはショックを受けていた。

「ここ数カ月の間、何度か話をしてきましたが、一度も不満や悩みをあなたの口から聞きませんでした。そのためショックは大きいです……」

「……すべてご自身でプランニングや投資判断を行うのは、賢明なアイデアとは思えません……」

私が一番好きなのは、「もしそれでも契約解除をご希望であれば、あなたの口座を解約する方法についてご説明さしあげます」というセリフだ。

私の友人は感情に訴える手法には躍らされなかった。

「あなたと共に下した判断が、本当に私にとって最善の利益だったのか自信がありません。自分の考えが正しいのかどうかはわかりませんが、今のような感情を抱いたまま、あなたに資産の管理をお任せすることは難しいと思います」

私はジョーにA＋（最高点）をあげたい。彼は数十万ドルもの手数料を節約しただけではなく、パーソナル・ファイナンスにおいて気丈に振る舞う模範的な態度を私たちに見せてくれた。

もしファイナンシャル・アドバイザーに資産運用を相談しているのであれば、フィデューシャリー・デューティー〔受託者責任。資産運用業務に従事する者が顧客の最善の利益を追求する義務〕を負っている立場かどうか尋ねてみてほしい。

ジョーのアドバイザーは負っておらず、単なるセールスマンだった。これは彼が推薦してきた投資商品からも明らかだ。ジョーは独身でまだ20代なのにもかかわらず、生命保険に投資させられていた。ジョーのような人物が生命保険に入る唯一の理由は、扶養家族がいる場合だけだ。アドバイザーを儲けさせるためではない。

もしあなたのアドバイザーがフィデューシャリー・デューティーを負っていなければ、相談する相手を変えるべきだ。感情に訴えかける彼らの謀略にだまされてはいけない。目的から目を逸らさず、投資リターンを最優先させよう。

ここで学ぶべき大切な教訓は、ファイナンシャル・アドバイザーは大半の人にとって必要ないということだ。ただ、もしあなたの選択がファイナンシャル・アドバイザーを雇うか、投資をしないかの二択であれば、アドバイザーを雇おう。大金を相続した人や忙しすぎて投資について学ぶ暇がない人は、アドバイザーに頼るのも選択肢の1つだ。投資を始めないよりは、少し手数料を払ってでも投資を始めた方がマシだ。

ただ、忘れないでほしいのは、多くの人がたった数時間、投資を学ぶ手間を惜しんだがために、亡くなるまでファイナンシャル・アドバイザーに手数料を払い続ける羽目に陥る。20代の間にお金について学ばなければ、あなたは次のいずれかの形で大きな代償を払うことになるだろう。何もせずにお金をそのまま寝かせて無駄にするか、もしくは赤の他人に管理を任せて法外な手数料を払うことになる。

ウェルス・マネジャーから勧誘を受けた話

数年前、私はある友人からウェルス・マネジャーと一度、話をしてみないかと誘われた。私が断っても、彼はすぐには折れず、「どうしてだい？」と理由を訊いてきた。

「特に理由はないよ」と答えつつも、頭の中では「投資とパーソナル・ファイナンスの本でベストセラーを出したからだよ」などと思っていた。「レミット、謙虚な姿勢を忘れてはいけない」と自分に言い聞かせ、とりあえず電話を受けてみることにした。

友人によると、彼らはウェルズ・ファーゴ・プライベート・ウェルス・マネジメントで働いているということだった。ここで少し話は脱線するが、私がウェルズ・ファーゴやバンク・オブ・アメリカといった会社が嫌いな理由を説明したい。

これらの巨大銀行はクソだ。顧客からお金をだまし取り、法外とも言える手数料を払わせ、一般の顧客に対しても平気で詐欺的手法を使う。彼らに対して表立って不満や怒りの声を上げる人はいない。金融業界では、誰もが彼らと取引したいからだ。もしあなたがこれらの銀行を利用しているのであれば、直ちにやめるべきだ。だまされるために、自ら敵の巣の中に入っていくようなものだ。

ファイナンシャル・アドバイザーが必要な人に一言

もし本当にファイナンシャル・アドバイザーを雇うつもりであれば、依頼のメールでは以下のテンプレートを利用してほしい。

マイクさま

相談料で雇えるファイナンシャル・プランナーを探している中で、マイクさまをnapfa.orgで見つけました。

簡単に自己紹介しますと、総資産は1万ドルで、3000ドルをロスIRA、3000ドルを401Kに預け、4000ドルを現金で保有しています。私は費用を最小限に抑えながら、長期的なリターンを最大化できる投資を希望しています。

もし相談に乗っていただけるようであれば、30分ほどお会いして、いくつか質問させていただだけないでしょうか？　また、私と同じような目標を持つ方を顧客としてこれまでお相手したことがあるのであれば、その経験についても伺いたいと思っています。来週金曜日の2月6日、午後2時はいかがでしょうか？　もし無理であれば、2月9日の月曜日も基本的に空いております。

よろしくお願いいたします。

レミット

30分の会合に備えて、きちんと質問を準備しておこう。インターネットで検索すれば質問のサンプルが出てくるが、以下の3点については必ず訊いておくべきだ。

- フィデューシャリー・デューティーを負っているか？　どうやって収入を得ているのか？　歩合制か、それとも相談料か？　ほかにも手数料があるのか？
- 自分と同じような目標を持つ顧客が過去にいたか？　その際にどういった投資を勧めたか？
- 仕事のスタイルは？　定期的に顧客と会話をするのか？　それとも顧客とのやり取りはアシスタント任せか？

話を戻すと、私は彼らがウェルズ・ファーゴで働いていると聞いたとき、彼らと話をするべきだと感じた。嫌いだからこそ、一度話してみたいと思ったのだ。

ウェルス・マネジャーについて簡単に説明すると、彼らはお金を持っている人を探し出して質問責めにし、投資や資産管理についてアドバイスをしたいと持ちかける。また、ポートフォリオの分析や海外での不動産投資、納税のプランニングなど特別なサービスも提供する。その見返りとして、資産の数パーセントを手数料として徴収するのだ。1～2パーセントと小さな数字だが、このインパクトについてはまた後ほど説明する。

私は彼らと電話で話をした。彼らはビバリーヒルズで働いており、私が大好きな美しいブリティッシュ・アクセントの持ち主だった。彼らは私のことを全く知らなかった。簡単なリサーチすらしていないのだ。「面白くなりそうだ」と私は思った。

彼らは私がどんな仕事をしているのか訊いてきた。「IT系の起業家です」と私は答えた。彼らは自分たちが起業家やセレブとよく仕事をしていると教えてくれた。セレブは彼らにとっては格好の顧客だ。(1)大金を稼いでいる(2)しかも短期間で(3)その大金の運用を誰かに任せたい――からだ。彼らは自分たちが提供しているサービスについて説明した。顧客には自分の仕事に集中してもらい、お金のことは自分たちがすべて面倒を見るという話だった。彼らは自分たちがいかに安全性を重視して資産を運用するのか説明した。

私はバカなふりをして、「どうやって運用するのですか？」、「私のお金をどうするのですか？」などと基本的な質問を投げかけた。「タックス・ロス・ハーベスティング」や「ドルコスト平均法」、「複利」といった専門用語は使わないよう、細心の注意を払った。代わりに、「税金についてもアドバイスしていただけますか？」などと訊いたりした。電話での会話だったが、彼らの目が狡猾に光っているのが見えるようだった。

そして彼らは美しいブリティッシュ・アクセントで無害を装いながらも、非常に意味深な発言をした。「我々はマーケットと同じリターンは目指しません。資産を守ることを重視します」。

この発言の意味がわかるだろうか？

彼らの発言は、「投資リターンが手数料の安いバンガードのインデックスファンドにも劣る」ということを暴露しているのだ。簡単に言うと、「あなたは1ドルで塩が買えますが、私たちは粗悪な塩を2ドルで売ります。ただ、半年ごとに美しい盛り皿にのせて届けます」と言っているようなものだ。ついに私は声を出して笑ってしまった。茶番を続けられるよう、音声をミュートにしておいた。

彼らは私の資産運用の目標については決して尋ねてこない。なぜ30代前半で、仕事もこれからだという男が、資産を増やすより、守ることに重点を置くのだろうか？

もっと重要な点は、彼らのサービス手数料がいくらなのかということだ。私は無邪気を装って、手数料がいくらか訊いてみた。私には彼らの返事が予想できていたため、笑いをこらえきれなくなっていた。待ちに待った瞬間、ここからがクライマックスだ。

私がいくらかかるのか尋ねると、彼らの態度は途端に素っ気なくなった。

「手数料は資産のわずか1パーセントです。ただ、私たちはあくまであなたとの長期的な関係性の構築を重視……」

聞こえただろうか？

第一に、彼らは手数料についてうまくごまかしている。「手数料は資産のわずか1パーセント」。それくらいなら誰も気にしないと思っているのだろう。二番目に、彼らは「長期的な関係性」などという、顧客が聞くと安心するような話題にすぐに切り替えようとした。

わずか1パーセント？　それほど高くはないと思うかもしれない。ところがその1パーセントの手数料が長期的に見ると、投資リターンを30パーセントほど毀損する可能性があることをご存じだろうか？　おそらく知らないだろう。つまり、もし私が彼らに資産を預けると、手数料によって私の210万ドルの資産は150万ドルまで減る——差額は彼らのポケットに入る——のだ。1パーセントの影響は甚大だ。

申し訳ないが、私は自分のお金を他人に任せたくはない。一般の人は数パーセントの手数料が持つ破壊力を理解していない。数値が直感的に理解しにくいからだ。ウォール街はあえて、うまくごまかしている。1パーセントと聞くと大したことないように思えるかもしれないが、この1パーセントが命取りになるのだ。

自分自身でお金を管理すれば、より高いリターンを確保でき、手数料も少なくて済む。

たった1パーセントの手数料が投資リターンの28パーセントを毀損し、2パーセントの手数料であれば63パーセントを毀損する。全くひどい話だ。だからこそウォール街はあれほど儲けているのだ。また、だからこそ私は口を酸っぱくして、お金の管理についてきちんと学ぶべきだとアドバイスしているのだ。ウォール街が個人投資家を食い物にしているのを私は我慢できない。

もし本書を読んだ上で、まだ1パーセント以上の手数料を払っているとしたら、私はあなたを許さない。賢くなろう。理想的な手数料は0・1〜0・3パーセントだ。ウェルス・マネジャーに払う必要のなくなる数十万ドルについて考えてみてほしい。庭の芝を刈ってもらったり、部屋を掃除してもらうためにお金を払うことはあるだろう。ただ、お金の管理は違う。手数料には複利効果がある。幸いなことに、あなたは今本書を手にしている。もしあなたが酸素を吸えて、文字を読めるなら、本書はあなたに大金をもたらすだろう。あなたが思っているよりも大きな額だ。

後で振り返ってみると、ブラックショールズ方程式や外国為替市場に関するテクニカルな質問をぶつけて相手を慌てさせた上で、「では、また後日」と言って、電話を切れば良かったと後悔している。残念なことに、当時はうまいアドリブが思いつかなかった。

以下がこの経験から学べる教訓だ。

―1―私はいわゆるプロと呼ばれるファイナンシャル・アドバイザーに、お金に関して無知であるフリをするのが趣味だ。私にとって、最高に楽しいお遊びだった。

―2―大半の人にウェルス・マネジャーは必要ない。ファイナンシャル・アドバイザーすら必要ない。あなたはすでに本書を手にしている。本書を読んで、実践しよう。万人が活用できるアドバイスに従えば、リッチな生活を送るのはそれほど難しくはない。

―3―ウェルス・マネジャーは自分たちがマーケットに勝てないことを知っている。だからこそ、ほかのやり方で付加価値をつけようとする。例えば、「上昇相場のときは誰でも投資で儲けられます。相場の地合いが変わったときに、顧客を助けるのが私たちの役割です」、「税金や遺産、信託、保険などについてもアドバイスできます」といった具合だ。これらはすべて嘘偽りがない。ただ、いずれのサービスも成果報酬型のアドバイザーを必要とするものではない。もしマーケットが下落したときに怯んだり、落ち込むのであれば、やるべきことはそうならないためのスキルと経験を磨くことだ。自分自身と自分が立ち上げたシステムを信頼しよう。

―4―資産の規模が数百万ドルに達し、子どもやリタイア、税金が絡む複雑なお金の管理が必要になったとしたら、専門のアドバイザーへの依頼を検討するタイミングだ。相談料だけのファイナンシャル・アドバイザーを雇うか、私のウェブサイトをのぞいてみよう。

アクティブ運用vsパッシブ運用

プロのファンド・マネジャーのパフォーマンスについては全く希望が持てないと話したが、投資自体がお金の無駄だと言っているわけではない。何に投資すべきかを知らなければならないということだ。

投資信託は最もシンプルで、最も優れた投資先だと言われることが少なくない。ただ、これまで見てきたように、ファンド・マネジャーは75パーセントの確率でマーケットに負けており、長期的にどのファンドのパフォーマンスが高くなるのかを事前に予測するのは困難だ。また、いかにパフォーマンスが優れていても、高額な手数料が課されることでリターンは目減りしてしまう。

投資に関する限り、手数料はあなたのリターンを大きく毀損するものだ。私たちはジムの会員やディズニーランドの入場チケットなど、サービスのためにお金を払うことに慣れているため、これは直感的には理解しにくいかもしれない。もしサービスから何らかの効用を得ているのであれば、公正な価格を支払うべきだ。ここで大事なのは、対価が果たして公正かどうかということだ。私たちがアドバイスを求める金融の専門家の多くは、私たちから1セントでも多

く お金を搾り取ろうと画策している。

ほとんどの投資信託はいわゆるアクティブ運用を行う。ポートフォリオ・マネジャーが主体的に銘柄を選別し、あなたに最良のリターンをもたらそうと努力するということだ。ところが、優秀なアナリストやテクノロジーの力を借りても、ポートフォリオ・マネジャーは慌てて手仕舞いしたり、売買しすぎたり、軽率な判断を下すなど人間らしいミスを犯す。

投資家に自分の仕事ぶりを証明しようと、彼らは短期的なリターンを狙って頻繁な売買を繰り返す。ところが実際には、ほとんどがマーケットに負けている。その上で手数料まで課されるのだ。アクティブ運用の投資信託は通常、運用資産の1~2パーセントの手数料を課す。運用手数料に加え、販売手数料という追加の手数料が課されるファンドもある。パフォーマンスにかかわらず、投資信託会社が儲けられる狡猾な仕組みだ。

パッシブ運用と比較することで、この2パーセントという手数料の法外な高さが浮き彫りになる。いわゆるインデックスファンドはパッシブ運用がなされている。人間であるポートフォリオ・マネジャーをコンピューターに置き換えることによって運用されるファンドだ。コンピューターはわざわざ注目株を探し当てようとはしない。指数（S&P500やナスダック総合指数など）を構成する銘柄を機械的に買い、指数と同じパフォーマンスを目指すファンドだ。

ほとんどのインデックスファンドはマーケット（もしくはマーケットのセクター）に連動した動きをする。株式市場がある年に10パーセント下落して、その次の年に18パーセント上昇したとすると、インデックスファンドはその動きを追随する。アクティブファンドとの大きな違いは手数料の安さだ。高額な給与を払わされるスタッフを必要としないため、手数料を安く抑えられるのだ。例えば、バンガードS&P500インデックスファンドの場合、経費率は0・03パーセントだ。

インデックスファンドにも海外ファンド、ヘルスケアファンド、小型株ファンドなど、いろいろな種類がある。S&P500などの指数ではなく、米国株式市場全体に連動するファンドもある。つまり、米国株式市場が下落すると、ファンドも下落する。米国株式市場は長期的に見ると、インフレ率を差し引いた実質ベースで年率8パーセントのリターンをもたらしてきた実績がある。

それでは両者のパフォーマンスを手数料とリターン、2つの角度から見ていくことにする。最初に、インデックスファンドとアクティブファンドの手数料の差を示したのが221ページの表だ。

次に、投資額が増えたときにこれらの数字がどのように変わるのか見てみよう。わずかな額に見える手数料が、パフォーマンスの足を大きく引っ張ることがより鮮明に読みとれる。222ページの表は5000ドルを口座に入れた後、毎月1000ドルずつ投資していくと想定している。リターンは同じく8パーセントだ。

どれだけ差があるのか?

毎月100ドル投資し、8%のリターンを想定

	パッシブ運用のインデックスファンド（経費率は0.14%）	アクティブ運用の投資信託（経費率は1%）	パッシブ運用とアクティブ運用の手数料の累積差額
5年後	7,320.93ドル	7,159.29ドル	161.64ドル
10年後	1万8,152.41ドル	1万7,308.48ドル	843.93ドル
25年後	9万2,967.06ドル	8万1,007.17ドル	1万1,959.89ドル

最初に5000ドルを入金後、
毎月1000ドル投資し、8%のリターンを想定

	パッシブ運用のインデックスファンド（経費率は0.14%）	アクティブ運用の投資信託（経費率は1%）	パッシブ運用とアクティブ運用の手数料の累積差額
5年後	8万606.95ドル	7万8681.03ドル	1925.92ドル
10年後	19万2,469.03ドル	18万3,133.11ドル	9,335.92ドル
25年後	96万5,117.31ドル	83万8,698.78ドル	12万6,418.53ドル

米大手運用会社であるバンガードの創業者、ジョン・ボーグルは、ＰＢＳのドキュメンタリーシリーズ「フロントライン」で衝撃的な数字を披露してくれた。仮にあなたと友人であるミシェルが、同じパフォーマンスのファンドに50年間投資したとする。唯一の違いは、あなたの手数料の方が2パーセント安いということだけだ。つまり、あなたの投資リターンを年率7パーセントとすると、彼女のリターンは年率5パーセントということになる。その違いが果たして、どれほど大きな影響をもたらすのか？

2パーセントの手数料の違いは、直感的にはそれほど大きくないように思える。最終的なリターンの差は2パーセント、もしくはせいぜい5パーセント程度と思うかもしれない。ところが複利効果は年月が経つにつれて、驚くほどの違いを生み出すのだ。

「50年という長い期間で見ると、ミシェルのポートフォリオは潜在的なリターンの63パーセントを手数料に奪われる」とボーグルは語った。

考えてみてほしい。たった2パーセントの手数料で、投資リターンの半分以上を失うのだ。

ところが1パーセントの違いであればどうだろう。1パーセントというと、本当にごくわずかな差だ。同じ50年という期間で見ると、1パーセントの手数料でもリターンの39パーセントが相殺されるという。確かに、50年という期間はあまりにも長すぎると思うかもしれない。それでは、35年ではどうだろうか？　米労働省の試算によると、それでも28パーセントのリターンが失われるという。

だからこそ、私は手数料をなるべく払わないよう繰り返し主張しているのだ。投資において、手数料は私たちの敵だ。もし手数料だけで選ぶとすれば、インデックスファンドは明らかに唯一の選択肢だ。一方、もう1つの重要な要素であるリターンについても見ていこう。

私はアクティブ運用の投資信託が75パーセントの確率でマーケットに負けていると強調してきたが、ときにはすばらしいリターンを叩きだすファンドも存在し、一部のアクティブ運用の投資信託がインデックスファンドを大きく上回る年もある。例えば、インド株に投資するファンドがある年には、70パーセントのリターンを出すかもしれない。ただ、1~2年の好調なパフォーマンスでは、影響はたかが知れている。真に求められているのは長期的に安定したリターンだ。

もしアクティブファンドに投資することを考えているなら、運用会社に電話して、単刀直入に訊いてみてほしい。「過去10年、15年、20年の手数料と税金を除いたリターンはどれくらいですか?」。絶対に手数料と税金を除いたリターンでなければならない。そして期間も短くて10年だ。それ以下の期間では、あまりに変動が大きいからだ。おそらく彼らは率直な答えをくれないだろう。マーケットに負けていることを認めることになるからだ。

アクティブ運用のファンドは、マーケットに負けていると想定しておいた方が無難だ。つまり、もしマーケットのリターンが8パーセントであれば、アクティブファンドのリターンは4分の3の確率で8パーセントを下回っている。高い経費率を考えると、アクティブ運用のファンドはパッシブ運用のファンドを少なくとも1～2パーセントほど上回っているべきだが、そうはならないのだ。

『最も賢い投資本』の著者であるダニエル・ソリンは、バブコック経営大学院（現ウェイク・フォレスト大学ビジネススクール）のエドワード・S・オニール教授が行ったある研究を引用し、次のように述べている。オニールがマーケットに勝つことを唯一の目標としているファンドのパフォーマンスを調べたところ、1993～1998年にかけて、ファンドの半数以上がマーケットに負けていた。1998～2003年にかけては、マーケットに勝っていたファンドはわずか8パーセントだった。

また、両方の期間でマーケットに勝ったファンドの数を調べると、残念なことにわずか10しかなかった。大型株で運用する全ファンドの2パーセントにすぎない。個人投資家も機関投資家も、マーケットに勝とうとしている手数料の高いアクティブファンドを選ぶよりも、パッシブ運用のファンドに投資した方がリターンが高かったのだ。

まとめ：自分で投資した方がリターンが高いことを考えると、アクティブ運用のファンドに法外な手数料を払う理由はない。

ただ、お金は純粋に理性では説明できないことを私たちは認識している。感情的な部分もある。なぜ人々はアクティブ運用に価値があると信じているのか、その理由を説明する見えざるマネー・スクリプトを次の表にまとめている。

見えざるアドバイザー・スクリプト

見えざるスクリプト	その意味
「よくわからないから、単に誰かを雇って代わりにやってもらいたいんだ」	わからない専門用語に紛らわしいアドバイス。投資に不安を感じるのは当然だ。ただ、パーソナル・ファイナンスの基本を学ぶことは、お金を増やす上で最も大切なことだ。自己啓発の権威であるジム・ローンは「楽になりたいではなく、より良くなりたいと、問題を減らしたいではなく、より多くのスキルを習得したいと願いなさい」と述べている。ガムを噛みながら縄跳びをしている4歳児のように、誰かに手をつないでもらいたいと願ってはならない。ひとりの大人として、長期投資に必要な自制心を習得できるよう願おう。誰もがそうやってきた。あなたにもできるはずだ。
「彼のことは好きで、本当に信頼できる人だ。父も彼に頼んでいたんだ」	私は地元のベーグル屋の店員のことが好きだ。だからといって、彼に投資を任せるだろうか? 私たちは驚くほど「好感が持てる」ことと「信頼できる」ことを混同している。これはシカゴ大学の研究でも証明されている。「米国の医者は治療の効果ではなく、ベッド脇での接し方で評価されている」というのがその論文のタイトルだ。 あなたのアドバイザーは好感の持てる人物かもしれない。ユーモアがあり、親切だ。ただ、お金に関しては、あくまで結果を重視しよう。
「お金を失うのが怖いんだ」	それは悪いことではない。それなら、アドバイザーに手数料として払うお金は、あなたが投資できたはずのお金であることを認識すべきだ。例えば、たった1パーセントの手数料が投資リターンのおよそ30パーセントを目減りさせる可能性があるのだ。
「私のアドバイザーは過去4年間、マーケットに勝ち続けてるんだ」	そうかもしれない。ただ、手数料や税金を考慮に入れると、そうではない可能性が高いだろう。もちろん、彼はその辺をうまくごまかしているはずだ。研究によると、今うまくいっているからといって、将来もうまくいくとは限らない。

本章では、専門家に対して私たちが抱く幻想についてお話ししてきた。次の章では、安い手数料でいかに高いリターンを確保するのか、そのための具体的な投資方法について見ていくことにする。投資についてあなたが知るべきことを、すべてお話しするつもりだ。投資を自動化するためのテクニックについても、洗いざらい説明する。

P.S. もしアクションステップをお探しであれば、このまま読み進めてほしい。本章はあくまで情報提供を目的とした章で、アクションステップは用意されていない。次章で、あなたは大きな決断を迫られることになるだろう。

第6章

面倒くさがり屋のための簡単な投資

低コストで手間いらずの「ターゲット・デート・ファンド」

前章では、いかに投資の専門家が役に立たないのかについてお話ししてきた。自分で管理した方が、投資パフォーマンスが優れているということも理解してもらえたはずだ。本章では、具体的な投資資産の選び方について学んでいく。無駄な手数料を抑えつつ、申し分のないリターンを出すことができるシンプルな投資手法だ。

まずは、次の質問を自分に問いかけてみよう。すぐにお金を必要とするだろうか、それともしばらく投資に回して増やすことができるだろうか？　株式市場の日々の変動に耐えられるだろうか、それとも耐えられずに不安を感じるだろうか？　マイホームの頭金のためにお金を貯める必要があるだろうか？

これらを自問自答した上で、インターネットでファンドを調べ、自分の目標に合った正しい投資資産を選ぼう。企業型確定拠出年金や個人型確定拠出年金（イデコ）など、いずれの投資口座でも同じだ。本章を読み終える頃には、何に投資すべきかをその理由も含めて理解できているはずだ。他人の介入を最小限に抑えることで、費用も最低限に抑えられる。

読者の方には最もシンプルな投資資産を選べるように、そして楽に管理ができるポートフォリオをつくれるようになってほしい。この2つさえできるようになれば、必ずあなたはリッチになることができる。多くの投資家は選べる投資先の種類の多さに愕然として、身動きが取れなくなるが、本章を読めば、自分に合った正しい投資先を選ぶ方法がわかるはずだ。

投資の自動化

正直に言おう。お金の管理が好きな人などこの世にいない。私は東京で食べ歩きをしたり、友人と週末にスキー旅行をしたりして、お金を使う方が好きだ。私はより少ない時間でより成果のあがる方法を常に探し求めている。例えば、私は大学に入る前、1日に3通の奨学金の申請書を書き上げるシステムをつくり、6カ月で20万ドル以上の奨学金を勝ち取った。最近では、1日に1500通ものメールを受け取るが、自動化の力を借りてうまく対処している。自分の忙しさを自慢しているわけではない。お金に関する限り、できるだけ時間と労力を割かずに結果を出すことに、強いこだわりを持っていることを伝えているだけだ。

私はこれまで時間をかけずに管理できて、成果を上げられる投資手法について研究を重ねてきた。だからこそ、手数料の安い投資戦略と自動化システムを掛け合わせたやり方を人々に勧めているのだ。

投資の自動化は私自身の力で発明した革新的なテクニックではない。ノーベル経済学賞の受賞者やウォーレン・バフェットのような一流の投資家、著名な学者など、名だたる人々が推奨しているシンプルな投資手法がその土台を成している。ほとんどの時間は、アセットアロケーションと投資先の選定（実際にはほとんど時間を要さないが）に使い、その上で日々の作業を自動化すれば、座ってテレビを見ているだけでお金は勝手に増えていく。私たちは全員怠け者だ。その事実を認めた上で、発想をプラスに転換するのだ。

投資の自動化には、以下の2つの利点がある。

費用が安い。第5章でお話ししたように、投資リターンを目に見えない形で目減りさせる手数料ほど、投資のパフォーマンスを悪化させる要因はない。手数料のかからないファンドで高いリターンをあげられるのに、わざわざ手数料の高いファンドを選ぶのは気が狂っている。わざわざお金を減らすために、お金を払うバカはいないだろう。手数料の安いインデックスファンドに投資すれば、売買手数料や税金などの費用を抑えつつ、大半の投資家を上回ることができる。

手がかからない。投資を自動化すれば、最新の注目株やマーケットの些細な変化に注意を払う必要がなくなる。シンプルな投資プランを心がければ、セクシーな銘柄を探したり、相場の先行きを予測するといった、無駄なことをする必要はなくなるのだ。その上で、投資口座に自動的に資金を入金できるシステムを立ち上げよう。個人の意思は介在しなくなり、気がつけば投資を続けられる状態になる。そうなれば、お金の管理に煩わされることなく、仕事で成果を上げ、友人と余暇を過ごし、様々な国に旅行し、すばらしいレストランで食事をすることに全身全霊を傾けられる。私はこの投資手法を「現実の生活が忙しい人のための禅投資」とでも名付けたい。

◦話がうますぎる？

「子犬はかわいい」と言って、否定されることがないのと同じで、投資の自動化を推奨して、異論を唱える人はあまりいない。ただ、理想的に聞こえる投資の自動化も言うは易し、行うは難しだ。

例えば、投資を自動化していたものの、2008年後半のリーマンショックで大きな損失を抱え、慌てて資産を売却して、株式市場から撤退した人を何人も知っている。ただ、これは大きな過ちだ。投資家の資質が試されるのは、上昇相場ではなく下落相場のときだ。例えば、2018年10月に株式市場が下落した際、私の投資口座の1つは10万ドル以上の損失を叩き出した。だが、私はいつも通り毎月、自動的に投資を続けた。

実は安値で株を拾える絶好の機会なのだが、これを実践するには強靭なメンタルが必要とされる。もし長期投資を心がけているのであれば、一番儲けが期待できるのは誰もがマーケットから資金を引き揚げている下落相場のときだ。

要点：投資の自動化はヘッジファンドへの投資ほどセクシーには思えないかもしれない。ただ、その方が確実に成果は出る。改めて訊かせてもらう。あなたはセクシーになりたいのか、それともリッチになりたいのか？

友人の言葉をすべて信じる？

Q：友人が投資はリスクが高すぎて、全資産を失いかねないと言いました。それは果たして真実なのでしょうか？

A：それは本能的、感情的な反応にすぎず、確かな根拠のある論理的な反応ではない。投資にナーバスになる気持ちは理解できる。特にメディアの「株式市場が一晩で10パーセント下落」といった見出しを目にすれば、そう思うのも不思議ではない。何もしないというアプローチを取りたくなるのもうなずける。残念なことに、今株式市場に投資することを恐れている人は、株価が急騰しているときに思わず手を出してしまう人だ。ウォーレン・バフェットが述べているように、投資家は「他人が強欲なときに臆病になり、臆病なときに強欲になる」べきだ。

投資の仕組みをきちんと理解しているあなたなら、長期的な見通しを立てて実行に移すことが可能だ。理論的には資産をすべて失う事態はあり得るものの、きちんと分散されたポートフォリオを構築しておけば、そんなことは起こり得ない。

あなたは友人が投資のダウンサイドばかりに目を向けていることに気づくだろう。「すべてを失うかもしれないんだ！　投資を学ぶ時間なんてどこにあるんだい？　たくさんのサメが君の資産を奪おうと目を光らせているんだ」。

そう言うのであれば、投資をしないことによって日々失うお金についてはどう思っているのだろうか？

友人にS＆P500の過去7年の平均リターンについて訊いてみてほしい。今日1万ドル投資して、10年間放置していれば、いくらになっているだろうか？　50年放置すれば？　彼らにはわからないだろう。想定すべき年率リターンについての知識がないからだ（実際は8パーセントだ）。投資はリスクが高すぎると言う人がいたら、それは彼らが無知であることを自覚していないからだ。

経済的自立の抗しがたい魅力

私は本書の宣伝を兼ねて、あるテレビ番組に出たことがある。収録が始まる前、司会者の男性が話しかけてきて、本書がベストセラーになったことを祝ってくれた。

「おめでとうございます。もう働かなくてよさそうですね」

私はその言葉を聞いて、自分がそんなことを一度も考えたことがないことに気づいた。

「そうですね。もう働かなくてよさそうです」

この瞬間は鮮明に覚えている。私はまさにクロスオーバー・ポイント——投資収益だけで日々の生活費を賄える地点——を超えたのだ。

想像してみてほしい。ある日、目が覚めると、投資口座に二度と働かなくて済むくらいのお金が入っている。つまり、投資資産があなたの毎月の給与を上回る、十分なお金を稼いでくれているのだ。これこそがヴィッキー・ロビンとジョー・ドミンゲスが『お金か人生か——給料がなくても豊かになれる9ステップ』で初めて言及したクロスオーバー・ポイントだ。

この考え方は、パーソナル・ファイナンス業界の常識を一変させた。お金がお金を生み出し続け、ある時点で生み出されるお金があなたの日々の生活費を賄うのに十分な金額に達する。この状態は「経済的自立（Financial Independence、FI）」として知られている。

クロスオーバー・ポイントに到達するとどうなるのか？　最低でも、何もしなくてよくなる。朝起きて、ブランチに3時間かけ、運動し、友人と会い、趣味に没頭する。働いてもいいし、働かなくてもいい。あなたは残りの人生を、投資資産によってもたらされる収益で生活することができるのだ。

一般的には「早期リタイア（Retire Early、RE）」と呼ばれる状態だ。経済的自立と早期リタイアの頭文字を取って、FIREとも呼ばれている。その中でも、年に3万〜5万ドル程度の少ないお金で生涯、生活を続けることを「リーンFIRE」と呼ぶ。先進国に広がる物質主義を否定し、シンプルな生活に傾倒した生き方だ。ときに極端な生き方に走る人も少なくない。

一方、お金を散財して、ぜいたくな生活を続ける「ファットFIRE」と呼ばれる生き方もある。セレブリティはどうして、1回のパーティーに25万ドルもの大金を使えるのだろうと不思議に思ったことはないだろうか？　彼らは投資資産からの収益があまりに大きいため、むしろお金を使い切るために努力する必要があるのだ。例えば、オプラ・ウィンフリーは2018年、800万ドルで家を買った。庶民には高すぎるように思えるが、彼女の当時の純資産は40億ドルを超えており、保守的な投資をしてリターンが4パーセントでも、年間で1億6000万ドルもの投資収益が生み出される。800万ドルの家など、彼女にとってはタダも同然だ。

この考え方を自分の生活にも当てはめてみよう。ほとんどの人の純資産は1億2500万ドルには到達しないが、100万ドルであればどうだろう？　200万ドルなら？　500万ドルなら？　それくらいの規模の資産が8パーセントの収益率で、毎年どれほどの投資収益を生み出すのか計算してみよう。あなたはきっと驚くはずだ。

若い頃の決断が功を奏して経済的自立に到達できれば、生活するだけでお金が入ってくる状態になる。まるで1日に10時間勉強し、SAT（大学進学適性試験）で好成績を出し、すばらしい仕事と機会を摑み取ったインド人の子どものようだ。子どもの頃の私は、何時間勉強したのかなどいちいち覚えていなかった。ただ、努力の成果を見るのが楽しみだった。それは25年経った今でも同じだ。

ここで用語をまとめると、

- FI：経済的自立。投資資産から得られる収益が、亡くなるまで日々の生活費を賄える状態。
- RE：早期リタイア。特に30代や40代である場合が多い。
- FIRE：経済的自立＋早期リタイア。30代でリタイアし、投資収益で亡くなるまで日々の生活費を賄えるため、二度と働く必要がない人を想像してもらうとわかりやすい。
- リーンFIRE：年間3万ドル程度の支出で、つましい生活を送りたい人々。公園での散歩やバードウォッチングなど、お金のかからないことで生活を楽しむ。

●ファットＦＩＲＥ：経済的に自立し、早期リタイアしつつ、ぜいたくなライフスタイルを続けたい人々。ファーストクラスの飛行機に乗り、フォーシーズンズホテルに泊まり、３人の子どもを私立の学校に通わせることを考えている。

経済的自立に到達するのは容易ではない。ほとんどの人はすぐにあきらめる。「まだそんなことを考えるような年じゃない」と言い、その数年後には「始めるにはもう遅すぎる」と言うのだ。そして最後には、「これから30年間、ケチケチした生活を送るくらいなら、今お金を好きなように使う方がマシだ」と自分の生き方を正当化する。

クロスオーバー・ポイントに到達することが、リッチな生活の一部なのかどうかを判断するのはあなただ。答えがイエスでも、到達するまでのやり方は人によって千差万別だ。

ＦＩＲＥコミュニティでは、給与の大半を貯蓄に回すことが推奨されている。10パーセントや20パーセントといった、ありきたりな貯蓄率ではダメだ。70パーセントにチャレンジしてみよう、と彼らは言う。

例えば、もしあなたの世帯年収が８万ドル、月の支出が６０００ドルで、収入の10パーセントを投資に回せば、38年かけてクロスオーバー・ポイントに到達することができる。この時期を早めるための方法をいくつか紹介する。

選択肢1：月の支出を3000ドルまで抑える。年間3万6000ドルで生活するのは、多くの人が難しいと思うだろう。ところがネット界隈をのぞいてみると、そうした生活を実践しているリーンFIREの信奉者はたくさんいる。この戦略に従えば、12年でクロスオーバー・ポイントに到達できる（トレードオフがあることは肝に銘じておこう。12年という短い期間で到達できるが、年間3万6000ドルの生活を続けなければならない）。

選択肢2：収入を上げる。私のウェブサイトのアドバイスに従って、30パーセントの昇給を実現させよう。昇給分をすべて投資に回せば、22年でクロスオーバー・ポイントに到達できるはずだ。このケースでは、選択肢1のケースよりも長い年数がかかるものの、年間支出額は7万2000ドルを維持できる。

選択肢3：支出を抑えつつ、収入も上げる。収入を30パーセント増やし、支出を30パーセント減らせば、クロスオーバー・ポイントには9年で到達できる。ある程度の支出を維持しながら、非常に短い年数でクロスオーバー・ポイントに到達できることがわかるだろう。収入と支出の両面からアプローチすることで、目覚ましい成果をあげられるのだ。

ほとんどの人は自分たちの収入や支出をこんな風には考えていない。その結果、他人と同じような人生を送る。毎年少しずつ貯めて、数十年間働き続け、ツイッターで愚痴をつぶやく。本章を読むだけでも、あなたが強く望みさえすれば、働く年数を大幅に短縮できることがわかるだろう。収入を増やし、支出を減らす。もしくは、支出を増やせるほど収入をもっと増やしてもいい。あなたにとってのリッチな生活は、あなた自身が決めることだ。

ところで、私はＦＩＲＥに対しては複雑な思いがある。支出や貯蓄に対する人々の意識を高める戦略としては支持したい。ＦＩＲＥはアメリカの典型的な低い貯蓄率に対するアンチテーゼとなっている。収入の25パーセント、40パーセント、もしくは70パーセントでさえ、貯蓄に回すことが可能であることを示して、10パーセントの貯蓄率という固定概念を覆した。

一方で、多くのＦＩＲＥの信奉者がストレスや不安、さらには鬱の症状を見せていることを無視してはいけない。彼らはスプレッドシート上の架空の数字にさえ到達できれば、不幸な境遇から抜け出せると信じているものの、残念ながらそうはならない。

経済的自立をテーマにしたインターネット上の掲示板をのぞいてみれば、このことがすぐにわかるだろう。できるだけ早く仕事を辞めようと画策している多くの人がコメントを寄せている中で、次のようなコメントが書き込まれていた。

「俺は過去数年間の自分の人生と銀行口座を振り返ってみた。そして思うことは、もし心から愛する人といろいろな経験ができて、人生の生きがいを見つけられるのなら、喜んで今持っている貯蓄の大半を捨てて、もっと長い時間でも働くだろう。俺はこれまで資産は築いてきたけれど、残念ながら自分らしい人生は築いてこなかった」

お金に関して野心的な目標を設定することに異論はない。私とは異なる経済的な目標を持つことにも異論はない。ただ、誰かが「みじめ」、「ラットレース」、「不安」といった言葉を使うとき、それは危険信号だ。

あなたの人生はスプレッドシートの中にはない。経済的な目標に関してはどれだけ野心的になってもかまわないが、お金がリッチな生活の小さな一部でしかないということは決して忘れてはならない。

利便性を選ぶか、管理しやすさを選ぶか

私は投資があなたにとって、できるだけ苦痛の伴わないものであってほしいと思っている。そのため、ここでは初級者バージョンと上級者バージョンの2種類の投資手法を紹介する。できるだけ労力をかけずにお金を増やしたい方は、266ページまで読み飛ばしてもらってかまわない。そこで紹介している投資先はターゲット・デート・ファンド（ターゲット・イヤー・ファンド）の1種類だけであり、ほんの数時間で投資を始めることができるだろう。

もしあなたが私のように裏の仕組みまできちんと理解したい――ポートフォリオを自分なりにカスタマイズし、細かく管理したい――オタクタイプであれば、このまま読み進めてほし

い。ポートフォリオの基礎を理解した上で、野心的かつバランスの取れたポートフォリオを構築できるようになるだろう。

投資とは銘柄選択ではない

投資の意味について友人に尋ねてみてほしい。彼らはおそらく「株を選ぶことだ」と言うだろう。残念ながら、長期的にマーケットのパフォーマンスを上回る銘柄を確実に選ぶことは不可能だ。自分の選択に自信過剰になったり、少し下がっただけでパニックになるなど、すぐに過ちを犯すだろう。

第5章で見たように、専門家ですら株式市場で何が起きるのかを予測することはできない。多くの人は投資家のブログやユーチューブの動画を見て、投資とは有望な銘柄を選ぶことであり、誰でも勝てるものだと思っている。残念ながら、誰でも勝てるわけではない。実際、投資の専門家ですら大半は負けている。

あまり知られていないことだが、ポートフォリオのボラティリティ（価格変動）の主たる要因はアセットアロケーションだ。どの銘柄を選んだかではないのだ。ゲイリー・ブリンソンとランドルフ・フード、ギルバート・ビーバウワーは1986年、ファイナンシャル・アナリスト・ジャーナルにある論文を発表し、金融業界を震撼させた。ポートフォリオのボラティリティの9割以上が、アセットアロケーションによるものだということを明らかにしたのだ。

アセットアロケーションとは投資プランのことだ。つまり、ポートフォリオにおける株式、債券、現金などの比率のことを意味している。異なるアセットクラスの間で資産を分散させることで、私たちはリターンとポートフォリオのリスクをコントロールしているのだ。アロケーションの仕方はリターンに大きな影響を与えることがわかっている。アセットアロケーションは投資家がコントロールできるものの中で、最も重要な要素と言っても過言ではない。

投資プランの方が何に投資したかよりも重要なのだ。

本書を例に取ると、本の構成の仕方の方が本の中で使われている一言一句よりも重要だということだ。投資でも同じだ。資金を適正に配分できれば、1銘柄の暴落がポートフォリオの価値を半分にするリスクを恐れる必要はなくなる。実際、分散投資することで個人投資家はより高いリターンを得ることができる。資産の配分の仕方を知る前に、まずは基本的な資産の選択肢について理解しておかなければならない。

投資資産の種類

もしあなたが投資の仕組みについて全く興味がなく、最もシンプルな資産の選択肢をすぐに知りたいのであれば、266ページまで読み飛ばしてほしい。一方、投資の仕組みについてもっと詳しく知りたい方は、このまま読み進めてもらいたい。

次のページのピラミッドに、あなたが投資の際に選べる選択肢をまとめている。一番下は最も基本的な投資先であり、株式に投資するか、債券に投資するか、はたまた現金として保有しておくかだ。過度に単純化している部分もあるが、基本的な考え方は理解できるだろう。その上の層がインデックスファンドとミューチュアルファンドであり、一番上の層がターゲット・デート・ファンドと呼ばれる、私が投資家に勧めている投資信託だ。

それでは、それぞれの投資資産について詳しく見ていくことにする。

○株式

株を買うということは、その会社の一部を買うということだ。会社の業績が良ければ、株価も堅調な推移が期待できる。人々が「株式市場」について話をするとき、通常はダウ平均株価やS&P500などの指数について言及している場合が多い。

それぞれの指数の違いは何だろうと疑問に思う読者もいるかもしれない。多くの点で違いがあるものの、あまり気にする必要はない。一般的には、あなたのパーソナル・ファイナンスにそれほど影響がないからだ。それぞれの指数を大学のようなものと捉えるといいだろう。指数にふさわしい銘柄を選別するための基準を決める委員会があり、それらの基準は時間とともに変わる可能性がある。

投資のピラミッド

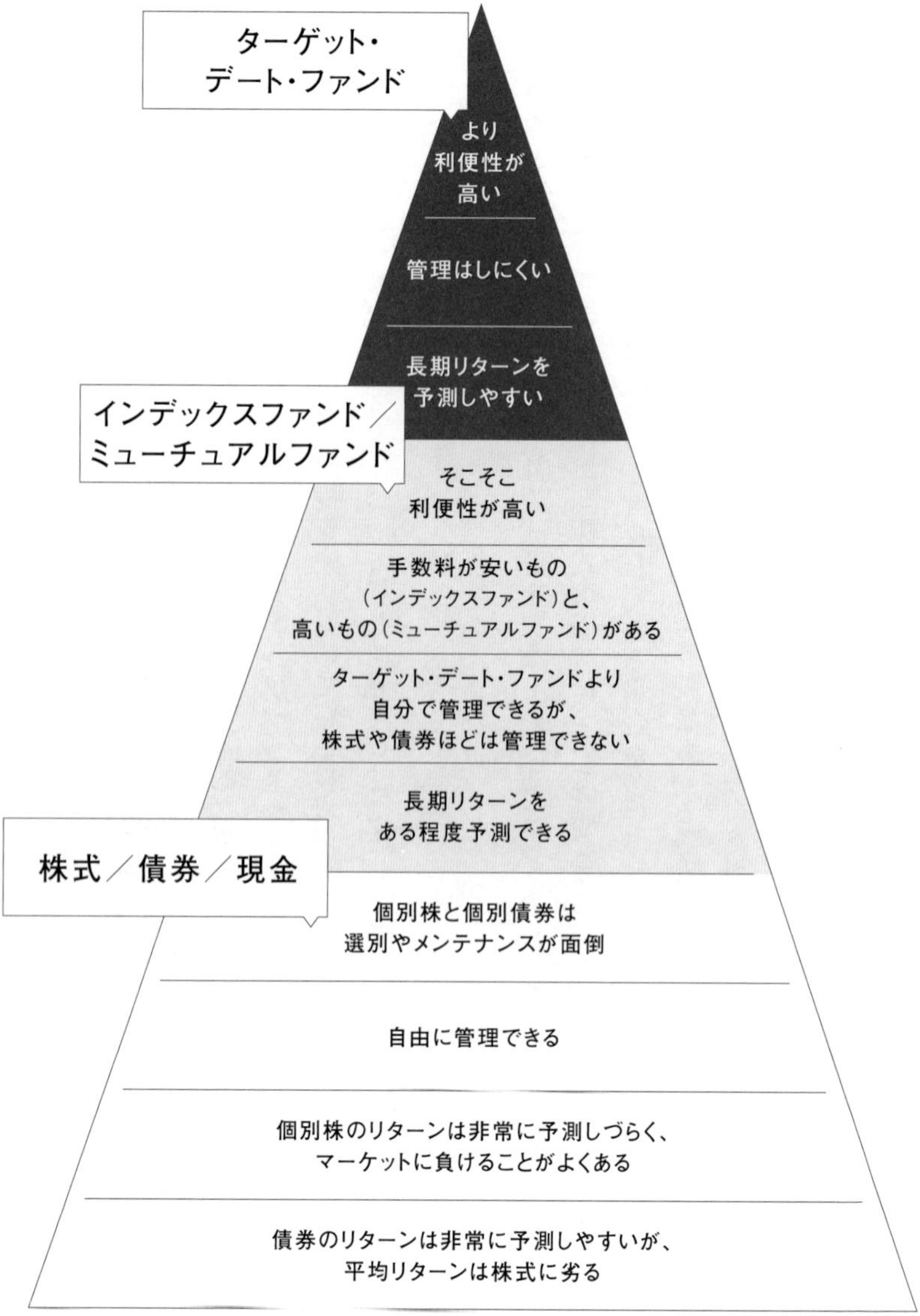
ターゲット・デート・ファンド
より利便性が高い
管理はしにくい
長期リターンを予測しやすい
インデックスファンド／ミューチュアルファンド
そこそこ利便性が高い
手数料が安いもの（インデックスファンド）と、高いもの（ミューチュアルファンド）がある
ターゲット・デート・ファンドより自分で管理できるが、株式や債券ほどは管理できない
長期リターンをある程度予測できる
株式／債券／現金
個別株と個別債券は選別やメンテナンスが面倒
自由に管理できる
個別株のリターンは非常に予測しづらく、マーケットに負けることがよくある
債券のリターンは非常に予測しやすいが、平均リターンは株式に劣る

株式のリターンは高い。すでに説明したように、株式市場の平均リターンは年率およそ8パーセントだ。さらに、もし急騰する銘柄を選び当てられれば、マーケット平均を大きく上回るリターンを上げられる――その逆も然りだ。株式は長期的には高いリターンを上げられるものの、個々の銘柄のパフォーマンスはまちまちだ。もし全財産を1銘柄に投じれば、巨額のリターンを上げられる可能性がある一方、その会社が倒産して、全財産を失う可能性もある。

株式は長期的には高いリターンを上げられる優れた投資先だが、私は個別銘柄に投資することはお勧めしない。独力で上昇する銘柄を選び当てるのが非常に難しいからだ。個別銘柄に関しては、何が起こるかわからない。例えば、スナップチャットが2018年にアプリのインターフェイスのデザイン変更を発表すると、株価は1日で9・5パーセントも下落した。企業が明るいニュースを発表すれば、その逆のことも起こり得る。

第5章では、株で生計を立てている専門家でさえ、株式市場を予測できないということを説明した。彼らは厳しい訓練を受けたアナリストであり、私がインドレストランのメニューを読むように、すらすらと企業の目論見書を読むことができる。企業の年次報告書を読み漁り、複雑なバランスシートを読み解くことができる専門家でさえマーケットに勝つことができない中で、素人のあなたが上昇する銘柄を選び当てることが果たしてできるだろうか?

可能性はほとんどないだろう。だからこそ、あなたや私のような個人投資家は個別銘柄に投資すべきではないのだ。その代わりに、複数の株式に投資しているファンドに投資しよう。リスクを軽減しながら、バランスの取れたポートフォリオを構築できる。夜もぐっすりと眠れるはずだ。

○債　券

債券とは企業や政府に対する借用証書だ。もしあなたが満期1年の債券を買えば、銀行から「100ドル預けていただけたら、1年後には103ドルお返しします」と言われているようなものだ。

債券の利点は償還までの期間（2年、5年、10年など）を選べることだ。満期が来たときに、いくらもらえるのかも決まっている。また、特に国債は価格が安定しており、ポートフォリオのリスクを軽減できる。国債に投資した資金を失うのは、国が債務不履行に陥ったときだけだが、そんな事態は起きない。もし資金が足りなくなっても、政府は紙幣を刷る権限を持っているからだ。

債券は安全で、リスクの低い資産である一方、リターンは株式よりも大幅に劣る。また、債券に投資するとすぐには現金化できなくなるため、一定の期間、資金が使えなくなる。

それでは、どういった投資家が債券に投資するのだろうか？　一般的には、裕福な人と高齢者が債券を好む傾向にある。高齢者には毎月、いくらもらえるのかを正確に把握しておきたいというニーズがある。また、彼らにほかの収入がない場合が多く、株式市場が下落相場に陥った際に、回復を待つような悠長な時間が残されていない。株式市場の高いボラティリティには耐えられないのだ。

裕福な人は運用資産が巨額なだけに、保守的になる傾向にある。もしあなたが1万ドルしか持っていなければ、資金を増やすために積極的な投資をするかもしれないが、1000万ドル持っていれば、目的は資金を増やすことよりも、減らさないことに傾くのではないだろうか？ 有名なコメディアンであり、熱心な投資家でもあるグルーチョ・マルクスの言葉がまさに正鵠を射ている。

「グルーチョ、君は何に投資しているんだい？」とある投資家が尋ねた。

「国債に投資しているよ」と彼は答えた。

「そんなに儲からないよね」と投資家は尋ねた。

「十分儲かるよ。もし資産が大きければね」と彼は答えた。

もし多額の資産を持っていれば、投資家は安全性と引き換えに、低いリターンも受け入れられる。3～4パーセントの利子が保証されるというのは、裕福な人にとっては十分魅力的なのだ。1000万ドルの3パーセントと言えば、30万ドルにもなる。十分に大きな金額だ。

○現金

投資用語で現金とは、寝かせているお金のことで、アメリカでは通常はマネー・マーケット・アカウントでわずかな利子を稼いでいる。緊急時やマーケットが暴落したときのために、流動性のある現金を保有しておきたいという投資家のニーズを満たすための資産と言える。もちろん安全性と引き換えに代償もある。ポートフォリオの中では最も安全な資産である一方、最もリターンが低い。実際、インフレを考慮に入れると、現金で保有しておくだけだと資産が目減りする可能性もある。

第4章で説明したように、もしあなたが設定した目標に向けて資金を毎月、貯蓄に回しており、緊急時用のための現金も十分に保有しているのであれば、わざわざ投資口座に現金を保有しておく必要性は皆無だ。

アセットアロケーション：投資家が見過ごしている最も重要な要素

もしあなたが様々な種類の株式や株式ファンドを購入しているなら、十分に分散投資していると言えるが、それはあくまで株式の中においての話だ。株式の中で分散投資することは大切だが、異なるアセットクラスの間で資産配分することはもっと大切だ。1種類の資産だけに投資するのは、長期的に見ると危険だ。ここでアセットアロケーションと呼ばれる重要な概念が登場する。分散とは1つのアセットクラスの中で異なる銘柄を保有することであり、アセットアロケーションとは異なるアセットクラスの間で資産配分を行うことだ。

どの資産に投資するのかを決める際、最も重要なのはそれぞれの資産が提供するリターンだ。もちろん、アセットアロケーションの仕方によって期待リターンは変わってくる。一般的にはリスクが高くなると、潜在的なリターンも高くなる。次のページの表を見れば、株式のリターンが最も高いことがひと目でわかるだろう。

「それなら全資産を株式に投資すればいいのでは?」と思うかもしれないが、早とちりしてはいけない。リターンが高いということは、リスクも高いということだ。もし株式に全額投資して、ポートフォリオの価値が1年で35パーセント下がれば、突如、あなたは身動きが取れなくなる。トリスケット〔クラッカーの名称〕しか口にできない生活を送りながら資産が回復するのを待つか、あるいはそのままのたれ死ぬかだ。

アセットアロケーションは、あなたの人生において最も重要な決断の1つと言っても過言ではない。数十万ドル、あるいは数百万ドルもの価値を有する決断なのだ。ところが人間とは不思議なもので、アセットアロケーションよりも新しいレストランやテレビ番組のことを話題にしたがる。

実際、私たちの多くが「アセットアロケーション」という言葉を一度も耳にしたことがないはずだ。金融メディアは、アセットアロケーションは複雑すぎて一般の読者には理解できない概念だと思い込んでおり、もっとわかりやすい「安全性」や「成長」といった言葉に頼る傾向

株式と債券の90年間の平均リターン

ニューヨーク大学でコーポレート・ファイナンスを専門とする
アスワス・ダモダラン教授は、過去90年間の投資リターンを研究した。
S&P500の非常に長期にわたるリターンを明らかにしている研究成果だ。

株式	債券	現金
リスクは高い	リスクは低い	リスクは極端に低い。マットの下に隠しているわけではなく、利子が発生するマネー・マーケット・アカウントに預けている。
11.5%	5.2%	3.4%

注意してほしいのは、過去は必ずしも未来を予測できるわけではない。
また、これらは複利を考慮しない算術平均の数値であり
（複利を考慮した株式の成長率は9.5%）、
インフレについては考慮に入れていない。

にある。実際は、アセットアロケーションこそが数少ない重要な概念の1つであり、私は誰もが十分に理解できるものだと思っている。

アセットアロケーションの効果は絶大だ。例えば、多くの人が世界同時不況のあおりを受けて、ポートフォリオの価値が大きく毀損した50代や60代の人の話を聞いたことがあるはずだ。彼らのポートフォリオは、残念ながら適正なアロケーションがなされていなかった。全財産を株式に投資すべきではなかったし、下落相場が続いたときにすべての株式を売却すべきではなかったのだ。

年齢とリスク許容度は大切な要素だ。もしあなたが25歳で、これからお金を増やす期間が何十年もあるのであれば、株式ファンドを中心としたポートフォリオを組んでもおそらく問題ない。ただ、もしあなたが高齢でリタイア間近であれば、ポートフォリオのリスクを軽減したいと思うのではないだろうか。60代以上であれば、ポートフォリオの大半を安全な債券に投資すべきだ。

債券は一般的に株式とは真逆の動きをするため、ポートフォリオ全体のリスクを軽減する役割を果たす。バイオテクノロジーの銘柄が3倍に跳ね上がれば、債券に投資していた資金を株式に投資すべきだったと後悔するかもしれない。一方、もし株式市場が下落すれば、債券を保有しておいて良かったと胸を撫で下ろすだろう。直感では理解しにくいかもしれないが、ポートフォリオに債券を加えておくことで、ポートフォリオ全体のパフォーマンスは改善する。株式が軟調なときに債券が上昇するからだ。債券を買うことによるリターンへの影響は軽微だが、リスクは大幅に軽減される。

「でもラミット、僕はまだ若いし、積極的に投資したい。債券なんかいらないよ」とあなたは思うかもしれない。確かにその通りだ。債券は20代の若者のための投資先ではない。もしあなたが20代、もしくは30代前半で、リスクを軽減する必要がないのであれば、株式ファンドに投資しつつ、長期投資によってリスクを軽減することもできる。ただ、もし30代後半以上の年代に入っていれば、ポートフォリオに債券を加えることでリスクを軽減することを勧めたい。債券に投資すべきもう1つのシナリオとして、ポートフォリオの規模が大きくなった場合が考えられる。資産が増えると、リスクに対する考え方も変わってくる。

例えば、パーソナル・ファイナンスの専門家であるスージー・オーマンはインタビューで純資産がいくらか訊かれたとき、「あるジャーナリストは私の純流動資産を2500万ドルと推定しましたが、かなり近い金額です。持ち家にも700万ドルくらいの価値があります」と答えた。何に投資しているのか訊かれると、彼女は1000万ドルだけ株式市場に投資し、残りはすべて債券に投資していると答えた。

パーソナル・ファイナンス業界は震撼した。ほぼすべての資産を債券に投資している？ただ、彼女のリスクに対する考え方は一般の人とは大きく異なる。あるファイナンシャル・アドバイザーがかつて私に教えてくれたように、「一度ゲームに買ってしまえば、不要なリスクを

株式と債券にもいろいろな種類がある

株式	債券
大型株 100億ドル以上の時価総額 （株価×発行済株式数）を持つ大きな企業	**国債** 政府の裏付けのある極めて安全な資産。 リスクが低い代わりに、 リターンも株式より低いことが多い
中型株 10億〜50億ドルの時価総額を持つ 中堅の企業	**社債** 企業が発行した債券。 国債よりもリスクは高いが、 株式よりは安全
小型株 時価総額が10億ドル未満の小さな企業	**短期債** 通常は満期が3年未満の債券
海外株 新興国（中国やインドなど）と 先進国（イギリスやドイツなど）を含めた 他国の企業の株式。 直接買えるケースもあるが、ファンドを 通して買わなければならないケースもある	**長期債** 満期が10年、 もしくはそれより長い債券。 期間が長い分、 短期債よりも利回りは高い
グロース株 ほかの株式や市場全体よりも 株価が大きく上がる可能性のある株	**地方債** 地方政府が発行した債券
バリュー株 割安に見える （本来の価値よりも安い）株	**物価連動債券** インフレ率の上昇から守ってくれる 非常に安全な資産

注：仕組みが複雑なREIT（不動産投資信託）――株式のように証券コードがある不動産投資信託――はこれらのカテゴリーには含まれていない。

取る必要はなくなる」のだ。

分散投資の重要性

これまではピラミッドの一番下の層のアセットクラス（株式、債券、現金）について、基本的なことを説明してきたが、ここからはそれぞれの資産についてさらに掘り下げていく。株式と一口に言っても様々な種類があり、投資家は幅広い種類の株式を少しずつ保有する必要がある。債券についても同じことが言える。これは分散投資と呼ばれており、それぞれのアセットクラス（株式と債券）のすべてのサブカテゴリーに投資すべきという考え方だ。

前のページの表を見ればわかるように、株式にも大型株、中型株、小型株、海外株など様々な種類がある。お互いのパフォーマンスは必ずしも連動しておらず、小型株が急騰している年に海外株が下落することがあれば、その逆の年もある。同様に、債券にも国債や社債など様々な種類があり、それぞれが異なる利点と欠点を有する。

2012年に出版された『パックがあった場所に滑っても手遅れだ（*Skating Where the Puck Was*）』の著者であるウィリアム・バーンスタインは、「リスク資産の間で分散投資することは、数日や数年の下落からは資産を守ってくれないが、数十年スパンの下落からは資産を守ってくれるため、致命傷の回避につながりやすい」と述べている。分散投資とは、長期的な安全性を確保してくれるものだということだ。

それぞれのアセットクラスのパフォーマンスは連動していないということから、2つのことが言える。第一に、投資で手っ取り早く稼ごうとしたところで、資産を失うのは目に見えている。なぜなら近い将来、何が起きるのかは誰にも予測できないからだ。わかると言い張る人は単に愚かなだけか、手数料で稼ごうとしている営業マンだ。

第二に、ポートフォリオのバランスを取るために、複数の種類の株式を保有すべきだということだ。例えば、アメリカの小型株だけを保有してはいけない。仮に軟調な相場が10年間続いたら、取り返しがつかなくなる。一方、小型株だけではなく、大型株や海外株なども併せて保有していれば、1つのカテゴリーに全体のパフォーマンスが引きずられるリスクは回避される。もし株式に投資するのであれば分散し、多様な種類の株式や株式ファンドを買い、バランスの取れたポートフォリオを構築しよう。

これらはあくまで、大まかな目安にすぎない。30代や40代になるまで全額、株式に投資している人がいれば、保守的で債券を保有したがる人もいる。一般的に言えるのは、20代や30代の人はまだ先が長いため、積極的に株式や株式ファンドに投資する余裕があるということだ。

正直に言うと、投資に不安を感じる人にとっての最大のリスクは、リスクの高いポートフォリオを組むことではない。怠惰や困惑を理由に、投資に全く手をつけないことの方が大きなリスクだ。だからこそ投資に関する基本的な知識はきちんと押さえつつも、選択肢の多さに惑わ

年代別のアセットアロケーション

一般的な投資家の年代別のアセットアロケーションは
以下のような比率になる。
バンガードのターゲット・デート・ファンドを参考にした数値だ。

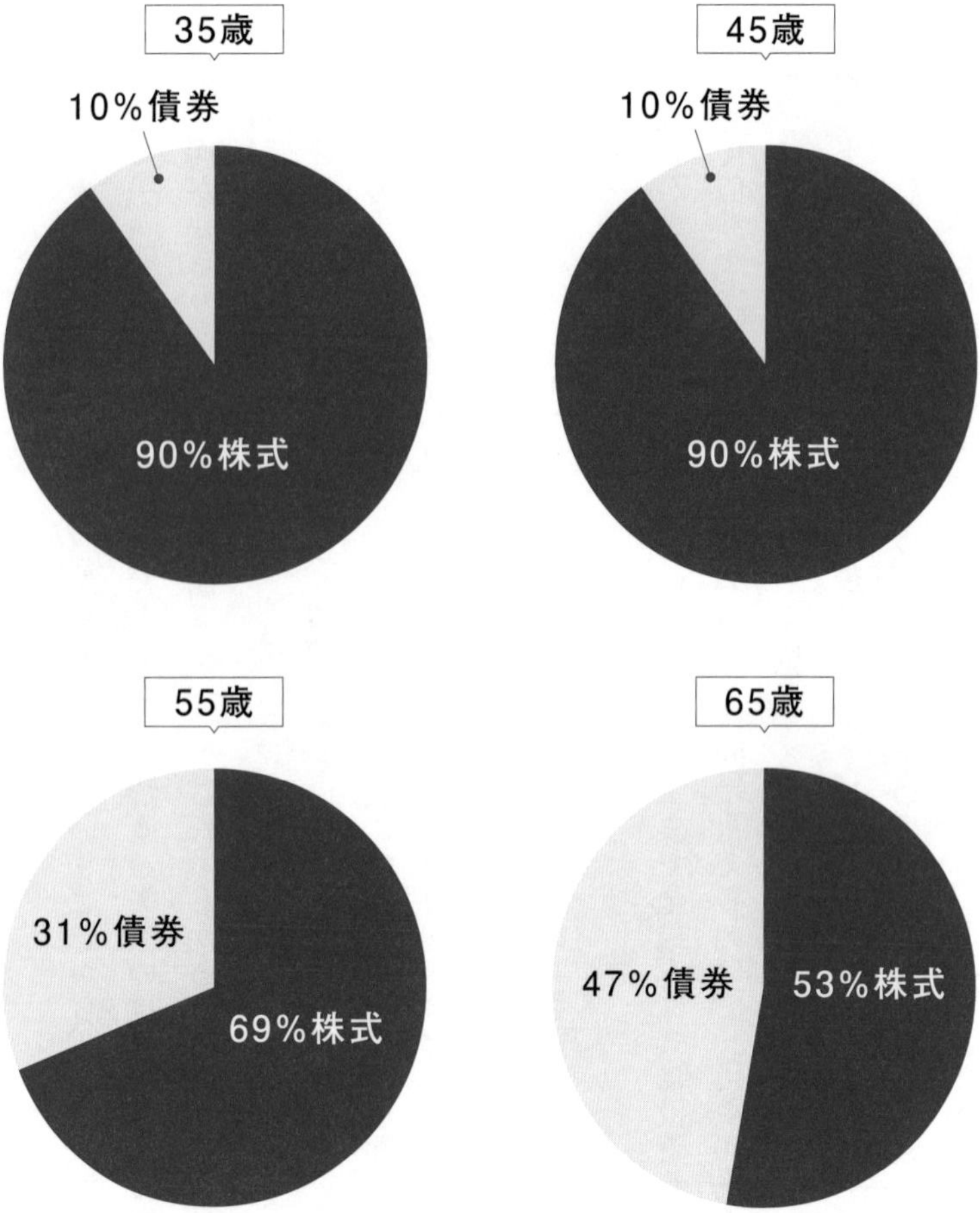

されすぎないことが重要なのだ。

あなたは次第にアセットアロケーションに慣れ、リスクを軽減させながら、安定したリターンをあげることができるようになる。30年後には今とは全く違った投資スタイルになっているかもしれないが、それは当たり前だ。60代よりも30代の方が積極的にリスクを取れるからだ。投資において大切なのは、自分の年齢やリスク許容度に合った投資プランをつくることだ。

では、具体的にどうすればいいのだろうか？　どの投資先を選ぶべきなのか？　個別銘柄に投資すべきなのか？　ほとんどの人は投資とは銘柄選別のことだと思い込んでいる。そして考えれば考えるほど困惑し、決断を先延ばしにしてしまう。あなたはそうなってはいけない！投資とは銘柄選択ではない。投資ピラミッドのもう一段上の層であるファンドについて、これから説明していく。

ミューチュアルファンド（投資信託）：悪くはないが、手数料が高い

金融業界の人たちは有能だ。彼らは投資家のニーズを満たす商品の設計に長けている。ミューチュアルファンド（投資信託）が発明されたのは、1924年までさかのぼる。ミューチュアルファンドの誕生によって、投資家は個別銘柄を選ぶという困難な作業から解放され、

シンプルに自分に合ったファンドを選べるようになった。

例えば、大型株、中型株、小型株のミューチュアルファンドがあれば、バイオテクノロジー、通信などセクター別のミューチュアルファンド、アジア株、欧州株など地域別のミューチュアルファンドもある。投資家はファンドを選ぶことによって、1つの籠に卵を盛りすぎるリスクを回避でき、目論見書を読んだり、業界のニュースを追うような煩雑な作業も省ける。こうした理由から、ミューチュアルファンドは瞬く間に人気商品となった。

ほとんどの人は確定拠出年金で初めてミューチュアルファンドに触れることになる。多くの選択肢の中から自分に合ったミューチュアルファンドを選ぶと、プロのファンド・マネジャーがあなたに代わって最も高いリターンが期待できる銘柄を選んでくれるのだ。

過去85年もの間、ミューチュアルファンドは大きな人気を集め、金融業界に莫大な利益をもたらしてきた。ほかの商品と比べると、ウォール街にとってはまさに金のなる木だった。専門家に運用を任せる手間賃として、法外な手数料を請求できたからだ。ところがこの高額な手数料はあなたのリターンを大きく蝕むばかりか、見合うような成果を出していない。そんな手数料など払う必要はないのだ！　確かに良心的な手数料のミューチュアルファンドもあるが、ほとんどのミューチュアルファンドの経費率は驚くほど高い。

私はミューチュアルファンドを販売する金融機関を非難するつもりはない。一般的なアメリカ人を投資の世界に引き入れてくれるし、投資リターンも銀行に寝かせておくよりはマシだからだ。ただ、世の中は変わった。第5章で見たように、より魅力的な選択肢が登場したのだ。手数料を安く抑えられる一方、パフォーマンスも優れているインデックスファンドだ。

端的に言うと、ミューチュアルファンドはその利便性の高さから投資家の間で普及したものの、専門家が運用するため、手数料が割高だった。今日ではもはや、最良の投資とは言えない。アクティブ運用は結局、より魅力的な選択肢であるパッシブ運用には勝てないのだ。

インデックスファンド（投資信託）：魅力のない家族の中にいる魅力的な従兄弟

バンガードの創業者であるジョン・ボーグルは1975年、世界で初めてインデックスファンドを発案し、業界に新風を吹き込んだ。高給の専門家集団を雇って、高いパフォーマンスが期待できる個別銘柄に投資するそれまでの投資信託とは違い、このシンプルなファンドはパフォーマンスをマーケット（より正確にはS&P500などのマーケットの指数）に連動させることを目標としている。

インデックスファンドの目標は控え目だ。専門家は雇わず、マーケットを打ち負かそうともしない。単にファンドの動きを指数と連動させるよう、機械的に売買するだけだ。そのため費用は安く抑えられる。「どうせ勝てないなら、あいつらの仲間になろう」と、発想を180度転換させたのだ。米国株式市場と連動するファンドだけではなく、アジア太平洋ファンド、不動産ファンドなどあらゆる種類のインデックスファンドがある。また、ミューチュアルファンドと同じようにティッカーシンボル（例えば、VFINXなど）も付与されている。

インデックスファンドは個人投資家に対して、より高いリターンを提供できるとボーグルは主張する。アクティブファンドはマーケットにほとんど勝てないにもかかわらず、不要な手数料を投資家から徴収していると彼は考えている。

これは自己高揚バイアスと呼ばれるもので、私たちは皆、自分が他人よりも優れていると考えがちだ。例えば、ある研究によると、回答者の93パーセントは「自分の運転技術がドライバーの中で上位半分に入る」と答えている。明らかにおかしな数字だ。誰もが記憶力は良く、親切で、他人よりも人気があり、偏見も少ないと信じている。一方、心理学はその私たちの考えが間違いであることを明らかにしている。

このことを理解できれば、ウォール街の考え方もよくわかる。ファンドマネジャーは全員、自分がマーケットに勝つことができると信じている。彼らは優秀なアナリストやデータを活用し、頻繁に売買する。その結果、皮肉なことに売買手数料は増え、税金もかさむため、マーケットを打ち負かすことがますます困難になる。ボーグルはこうしたミューチュアルファンドの古いモデルをかなぐり捨て、インデックスファンドという新たなコンセプトを導入した。

今日では、インデックスファンドは資産を効率よく増やすための手軽な手段として広く受け入れられている。ただ、インデックスファンドはシンプルにマーケットと連動した動きをするため、株式市場が下落したときにはあなたの資産も必ず減る。このことは肝に銘じておこう。資産が増えたり減ったりするのは、投資していれば当たり前のことであり、不安に思う必要はない。

インデックスファンドはプロも認めている

インデックスファンドの利点については私の言葉よりも、代表的な専門家の意見を見ておこう。

「投資している人の98~99パーセント——もしくは99パーセント以上——は幅広く分散投資すべきであり、短期売買をすべきではありません。つまり、ほとんどの人は費用の安いインデックスファンドに投資すべきです」——ウォーレン・バフェット、アメリカで最も優秀な投資家

「過去数十年間、マーケットに勝ち続けているアドバイザーがほとんどいないことを理解する

ことで、あなたは投資の成績を上げるのに必要な規律を学べます。つまり、長期的にインデックスファンドに投資するということです」――マーク・ハルバート、ハルバート・ファイナンシャル・ダイジェストの元編集者

「メディアは上昇銘柄を的中させて、一時的に調子の良いアクティブファンドには注目しますが、派手さはないもののコツコツ勝って、最終的に勝利を収めるインデックスファンドには注目しません」――W・スコット・サイモン、『インデックス・ミューチュアル・ファンド：投資革命で利益をあげる（*Index Mutual Funds: Profiting from an Investment Revolution*）』の著者

長いスパンで見ると、株式市場はこれまで必ず上昇してきた。インデックスファンドに投資すると、金融業界で働いている友人の怒りを買うことになるかもしれない。金融業界に中指を立てているようなものだからだ。ウォール街はインデックスファンドを恐れているため、アクティブファンドの販売に力を入れながら、インデックスファンドをあまり表には出さないように努めている。

高い経費率の代償は大きい

ポートフォリオの金額	インデックスファンドの年間費用（0.14%）	アクティブファンドの年間費用（1%）
5000ドル	7ドル	50ドル
25,000ドル	35ドル	250ドル
100,000ドル	140ドル	1,000ドル
500,000ドル	700ドル	5,000ドル
1,000,000ドル	1,400ドル	10,000ドル

利点：極めて費用が安い、メンテナンスが楽、節税効果が高い。

欠点：インデックスファンドに投資する際には、包括的なポートフォリオを組もうとすると複数のファンドに投資しなければならない。複数のファンドを保有すると、目標のアセットアロケーションを維持するために、通常は12～18カ月に一度くらいの頻度で定期的なリバランスが必要となる。

つまり、インデックスファンドは個別銘柄や債券、ミューチュアルファンドよりは優れており、プランに沿ったポートフォリオを自ら組んで、メンテナンスするには理想的な選択肢と言える。ただ、事前にファンドを見比べたり、自らポートフォリオを組んだり、定期的にメンテナンスする時間すらない投資家の場合はどうだろうか？　そんな投資家のために、最高の選択肢がある。投資ピラミッドの頂点に君臨しているファンド、ターゲット・デート・ファンドだ。

ターゲット・デート・ファンド（投資信託）：楽に投資する

ターゲット・デート・ファンド（ターゲット・イヤー・ファンド）は最も私好みの投資だ。まさしく85パーセントの法則を体現している商品だからだ。必ずしも完全無欠とは言えないものの、十分に投資家が求める役割を果たしつつ、誰でも気軽に始められる商品だ。

ターゲット・デート・ファンドはあなたのリタイアの時期（本書では、65歳でリタイアすると想定する）を考慮しながら、自動的に分散投資を行ってくれる。つまり、あなたの年齢に合わせてファンドが勝手に株式と債券の比率を変更してくれるのだ。

前回の金融危機の際に、多くの退職者がターゲット・デート・ファンドを保有していれば、年金口座の資産が急激に目減りするという最悪の事態は回避できていたはずだ。ターゲット・デート・ファンドがポートフォリオを事前に、より保守的な構成に変えてくれていたはずだからだ。

ターゲット・デート・ファンドはファンズ・オブ・ファンズと呼ばれる形態で、大型株ファンド、小型株ファンド、海外株ファンド、債券ファンドなど、ほかの複数のファンドに投資することで、自動的に分散投資を行う。複雑に聞こえるかもしれないが、あなたが保有するファンドはあくまで1つだけであり、残りのすべての煩雑な作業はファンドが代わりにやってくれる。

ターゲット・デート・ファンドはインデックスファンドとは異なる。インデックスファンドでは包括的なポートフォリオを組むために、複数のファンドを保有する必要がある。複数のファンドを保有するということは、あなた自身の手でファンドを定期的にリバランスしなければばならないということだ。

幸いなことに、ターゲット・デート・ファンドはあなたの年齢に応じて、自動的に投資先を選んでくれる。20代では積極的なポートフォリオを組み、年代に合わせて徐々に保守的な資産配分に変更してくれる。投資家に必要とされる作業は、ファンドに資金を投じ続けることだけだ。

ターゲット・デート・ファンドは完全無欠ではない。リタイアの時期という1つの変数に従って、あらゆる作業が画一的になされるからだ。もしあなたに時間とお金が無限にあるのであれば、あなたのニーズをより的確に反映したポートフォリオを自らの手で組むことによって、より優れた投資の成果をあげられるかもしれない。

ただ、私たちの多くは絶えずポートフォリオを監視するような資源も願望も持っていない。だからこそ私はターゲット・デート・ファンドを勧めるのだ。怠け心のある人にとっては、非常に魅力的な設計となっている。多くの人にとって、このファンドの使い勝手の良さが、画一的なアプローチに伴う投資リターンの低下を十分に帳消ししてくれる。

すべてのターゲット・デート・ファンドが同じではないが、一般的に費用は安く、節税効果も高い。最大の利点は、とにかく楽だということだ。毎月、もしくは毎年、資金を投じる以外に、必要な作業はない。監視し、リバランスをするという面倒な作業はすべてファンドが肩代わりしてくれる。

72の法則

資金を2倍にするのに、どれくらいの年数が必要になるのかを簡単に計算できるのが72の法則だ。72を年率リターンで割ることで、資金を2倍にするのにかかるおおよその年数がわかる。例えば、インデックスファンドに投資して年率10パーセントのリターンを得ていれば、資金を2倍にするのに7年強（72÷10）の年数が必要になるということだ。つまり、今5000ドルを投資し、年率10パーセントのリターンで運用していけば、7年で1万ドルになるという計算だ。

すべて自分でやりたい人は？

ターゲット・デート・ファンドでは満足できない？　自らの判断でインデックスファンドを選び、独自のポートフォリオを組みたい？

本気でそう思っているのだろうか？

忘れてはならないのは、自らポートフォリオを管理しようとする人のほとんどが、マーケットに匹敵する成績を出すことができないということだ。トラブルの兆候があればすぐに慌てて売却したり、頻繁に売買して不要な手数料や税金を払ってしまうからだ。さらに、それぞれのアセットクラスのインデックスファンドを買うと、アロケーションを維持するために毎年のようにリバランスが必要となる。

ただ、もしマーケットの気まぐれな変動に耐えられる自制心を備え、少なくとも年に一度、リバランスを行う時間的余裕があるのであれば、独自のポートフォリオを組むのがあなたにとっては最善の方法かもしれない。

すでに繰り返し述べているように、ポートフォリオを組む上で重要なのは将来の急騰銘柄を選び当てることではない！　マーケットを襲う嵐を乗り越えながら、時間をかけてゆっくりと資産を増やしてくれる、バランスの取れたアセットアロケーションを組み立てることだ。本書ではアロケーションの目安として、デービッド・スウェンセンが推奨するモデルを紹介する。

スウェンセンは資産運用業界におけるビヨンセのような存在だ。イェール大学の基金を運用し、35年以上もの間、年率13・5パーセントというリターンを出し続けた実績を持つ業界のレジェンドだ。1985年から5年ごとに資金をほぼ2倍にしてきた計算になる。

さらに、彼は正真正銘のナイスガイだ。ウォール街で自身のファンドを立ち上げ、数億ドルもの年収を稼ぐこともできたが、アカデミアに対する純粋な愛からあえてイェール大学に残る道を選んだ。「同僚たちが大学を去り、高い年収を得るために同じことを別の業界でしている姿を見ると、残念な気持ちになります。私は自分の仕事に使命感を持っていますから」と彼は述べている。

スウェンセンは次のようなアロケーションを推奨する。

30パーセント――国内株：小型株、中型株、大型株を含む米国株ファンド。

15パーセント――先進国株：イギリスやドイツ、フランスなど海外の先進国株に投資するファンド。

5パーセント――新興国株：中国やインド、ブラジルなど海外の新興国株に投資するファンド。先進国株よりもリスクが高いため、過度な投資は厳禁だ。

20パーセント――REIT：住宅ローンや住宅用不動産、商業用不動産に投資するファンド。国内不動産も海外不動産も扱う。

15パーセント――国債：固定金利の米国債。インカムゲインの予測が可能なため、ポートフォリオのリスクを軽減してくれる。アセットクラスとしては、株式よりも概してリターンは低い。

15パーセント――物価連動債：資産をインフレから守ってくれる米国債。最終的には必要となるが、リターンの高いほかの資産に投資した上で最後に投資する資産。

スウェンセンのアロケーションから学べる最も大切な教訓は、1種類のアセットクラスがポートフォリオの大部分を占めてはいけないということだ。すでに学んだように、一般的にはリスクが下がるとリターンも下がるが、アセットアロケーションが秀逸なのは、リターンを維持しながら、リスクを軽減できるということだ。

スウェンセンの理論はすばらしい。ただ、どのように実践すればいいのだろうか？　簡単だ。それぞれのアセットクラスのインデックスファンドに投資すればいいのだ。

自らインデックスファンドに投資するということは、どのインデックスファンドが自分にとって最適かを見極めなければならないということだ。私はバンガードやシュワブといった最も投資家から人気のある運用会社のファンドを調べるようにしている。まずは手始めに、それらの会社のウェブサイトをのぞいてみよう。

スウェンセンの
アセットアロケーションモデル

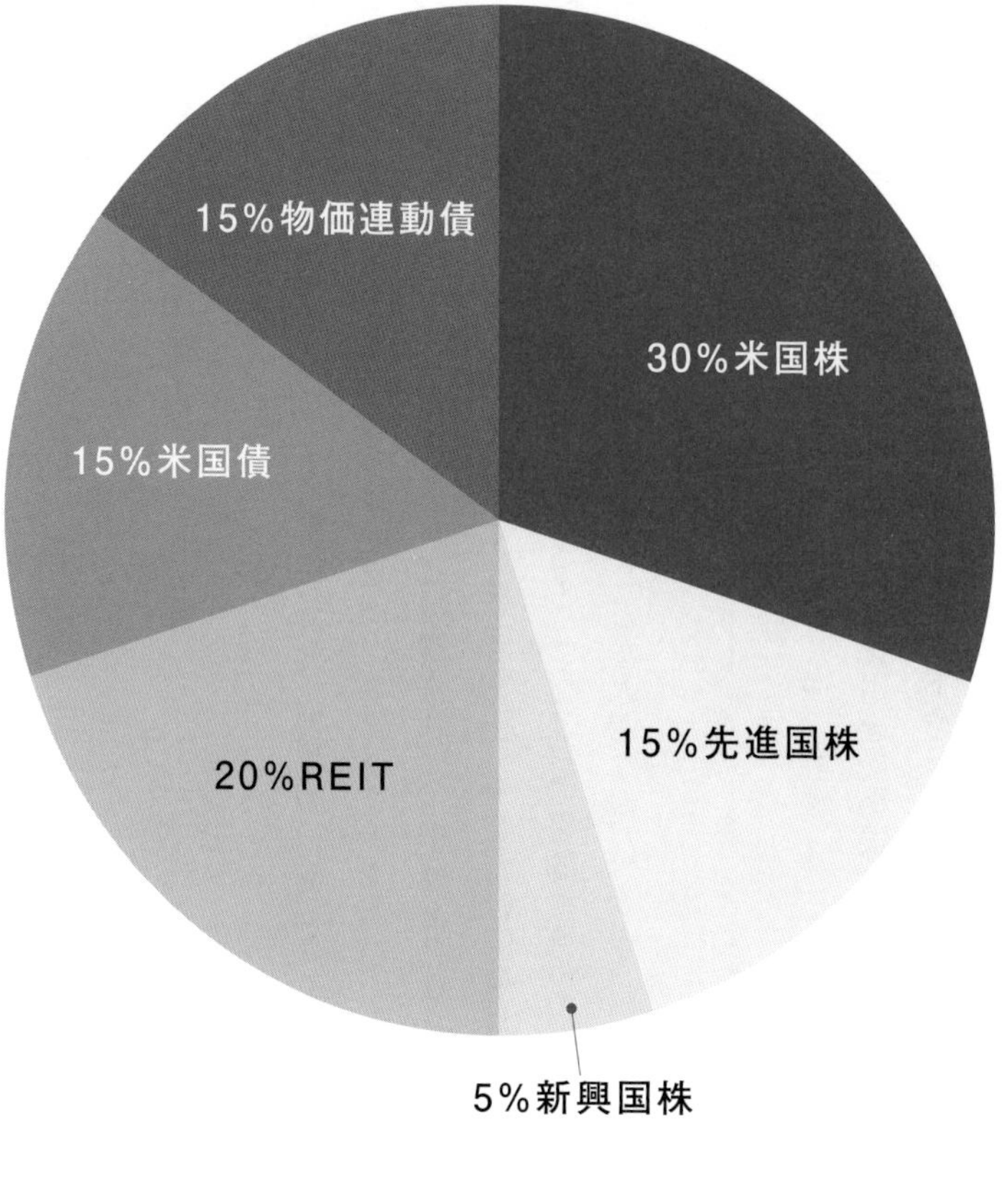

管理できる中身にしておこう

Q：いくつのファンドに投資すべきですか？

A：私はできる限りシンプルにすることを勧めたい。理想的には、ターゲット・デート・ファンド1つに絞るべきだ。ただ、もし自らインデックスファンドを選びたいのであれば、一般的な目安として3〜7のインデックスファンドに投資すれば、十分なアロケーションを行うことができるだろう。国内株、海外株、REITを中心に、少しだけ国債に投資することを考えてみよう。あらゆるマーケットを網羅することがあなたの目的ではない。効果的なアロケーションを行った上で、自分らしい人生を送ることが大切なのだ。

インデックスファンドを選ぶ上で最も大切なのは、費用を最小限に抑えることだ。経費率が0・2パーセントくらいのファンドを選ぼう。バンガードやフィデリティ、ティー・ロウ・プライスで販売されているインデックスファンドの大半は、経費率が非常に安く抑えられている。経費率は投資において、投資家がコントロールできる数少ないものの1つだ。手数料の違いがどれだけ大きな影響を持つのかについては、265ページの表を参考にしてほしい。

二番目に、ファンドが自分のアセットアロケーションに適合しているのかどうか確認しよう。結局、あなたは資産を自ら管理するために、インデックスファンドを買うという道を選んでいる。スウェンセンのモデルを目安にしながら、必要に応じて微調整しよう。一部のファンドはあなたにとっては不要かもしれないし、優先順位も異なるかもしれない。

例えば、運用資金が少ない20代であれば、複利の力を最大限に活かすために株式ファンドを多めに買うべきかもしれない。年齢を重ねていけば、リスクを軽減するためにポートフォリオの債券の比率を高めたくなるはずだ。つまり、様々なファンドを選び取る際には、戦略的に行うことが重要だということだ。適当にファンドを選んだところで、バランスの取れたアロケーションにはならない。

三番目に、そのファンドの過去10~15年の間の平均リターンを確認することを忘れてはいけない。ただ、過去のパフォーマンスは必ずしも将来を保証するものではないということは肝に銘じておこう。

以下に1つの例として、ETF(上場しているインデックスファンド)で構成されているポートフォリオを挙げる。

株式
30パーセント――バンガード・トータル・ストック・マーケットETF（VTI）
20パーセント――バンガード・トータル・インターナショナル・ストック（除く米国）ETF（VXUS）
20パーセント――SPDR ダウ・ジョーンズ REIT ETF（RWR）

債券
5パーセント――バンガード・米国短期国債ETF（VGSH）
5パーセント――バンガード・米国中期国債ETF（VGIT）
5パーセント――バンガード・米国長期国債ETF（VGLT）
15パーセント――バンガード・米国短期インフレ連動債ETF（VTIP）

これらのファンドは、数千種類あるインデックスファンドのほんの一部にすぎない。アロケーションに関しては、柔軟な考えを持とう。もっと積極的に投資したいのであれば、リスク資産の割合を高めればいいし、「7つものファンドを管理する余裕はない」と思うのであれば、債券ファンドを1つに絞ってもかまわない。まずは始めやすいファンドの数を選んだ上で、時間をかけて徐々にバランスの取れたアセットアロケーションに調整していけばいいのだ。

ドルコスト平均法：時間をかけて少しずつ投資する

ドルコスト平均法とは、保有する全資産を一度に投資するのではなく、毎月決まった金額を時間をかけて投資していく手法のことだ。

なぜ、わざわざそんな面倒なことをする必要があるのだろうか？　1万ドルを一気に投資して、その翌日に株式市場が20パーセント下落したらどうなるのか、想像してみてほしい。8000ドルまで下落した後、再び1万ドルまで回復するには、25パーセント上昇する必要がある。

時間をかけて少しずつ投資した場合、そうした急激な下落に対するヘッジをかけられるというわけだ。また、株式市場が下落したときに、割安な価格で株を買うことにもつながる。つまり、時間をかけて少しずつ投資すれば、市場の頃合いをはかろうなどと無駄な努力をする必要がなくなる。まさに私たちが実践している投資の自動化の本質だ。少しずつ投資するため、マーケットの動向をわざわざ予測する必要がなくなるのだ。

ここである疑問が生じる。巨額の資産を持っている場合、ドルコスト平均法で投資する方法と全資産を一度に投資する方法、どちらのリターンが高いのだろうか？

バンガードの研究によると、答えは驚くべきことに、全資産を一度に投資した方が3分の2

の確率でパフォーマンスが優れているという。マーケットが概して上昇する傾向にあるほか、株式と債券は現金をアウトパフォームするため、全資産を一度に投資した方がほとんどの場合、高いリターンにつながるというわけだ。もちろん、投資した直後にマーケットが下落した際には結果は変わってくる。

いずれにせよ、私たちは毎月の給与の一部を自動的に投資に回しているため、すでにドルコスト平均法を実践していることになる。一方、すでにまとまった資金を持っている人は、一度にすべて投資した方が、ほとんどの場合において、高いリターンを得られることになるだろう。

ほかの投資は？

世の中には、株式や債券、インデックスファンド、ターゲット・デート・ファンド以外にも、貴金属、不動産、非上場のスタートアップ企業、暗号資産、アート作品といった多くの投資がある。さらに私の再三の警告を無視して、株の個別銘柄を買うことも可能だ。

◦不動産

大半のアメリカ人にとって、持ち家は最大の投資だ。ただ、居住用の不動産は投資という観点からは、あまり優れた資産とは言えない。修繕や固定資産税などの費用を考慮に入れると、一般的にリターンが低いからだ。

不動産については第8章で詳しく扱うが、大半の人は居住用の不動産と投資用の不動産を混同しがちだ。考えてみてほしい。自分の家を利益のために売却する人などいるだろうか？　もしあなたの両親が家を売却したことがある場合、彼らは小さな家に引っ越して、余ったお金を好きなことに使っただろうか？　そんなはずはない！　おそらく次に購入する予定の、もっと価格の高い家の頭金に回していたはずだ。

ほかの投資資金を圧迫するほど、1つの資産に資金を投入すべきではない。もしあなたが月に2000ドルを住宅ローンの返済に当てており、ほかの資産に投資する資金が残っていなければ、それはバランスの取れたポートフォリオとは言えない。不動産を買う場合には、ほかの資産——ターゲット・デート・ファンドやインデックスファンド——に投資する資金を必ず残しておくべきだ。

○アート作品

アートアドバイザーによると、アート作品で構成される指数の年率リターンはおよそ10パーセント程度だという。一方、スタンフォード大学の2013年の調査では、「アート作品のリターンは過度に高く見積もられてきた一方、リスクは過度に低く見積もられてきた」と指摘されており、過去40年間の実際の年率リターンは6・5パーセント程度にすぎないという。

これまでアート作品のリターンが高く見積もられてきた理由は、選択バイアスによるものだ。つまり、人気のある作品だけが繰り返し売買されているという事実が考慮されていないのだ。また、特定のアート作品を投資先として選ぶことは、上昇する銘柄を予想することと本質的には同じだ。第5章を読んだ読者は、それがいかに難しいことであるのかを理解しているはずだ。

アート投資には確かに一獲千金の可能性があるが、どの作品の値段が上がるのかを予想しなければならず、容易にできることではない。例えば、ウォール・ストリート・ジャーナルは、イギリスの経済学者ジョン・メイナード・ケインズが残した莫大なアートコレクションについて、興味深い記事を書いている。

彼が84万ドルを使って収集したアート作品は、現在では総額9900万ドルもの価値になっているという。年率リターンに換算すると10・9パーセントであり、申し分のないリターンだ。

ただ、この数字には少しカラクリがある。世界で指折りのアートコレクターが135もの作品を入念に選んだにもかかわらず、コレクションの現在の価値の半分がたった2つのアート作品によるものだというのだ。どの作品が将来それほど高い価値を付けるのか、事前に予測することは果たして可能なのか？　大半の人にとって、答えはおそらくノーのはずだ。

○リスクが高く、潜在リターンも高い資産

多くの人は、手数料の低いファンドで構成されるポートフォリオを組むべきだということを頭では理解している。ただ、それだけでは退屈だ。楽しむための投資もしたいと思うのが、投資家心理というものだ。もしあなたがそう思うのであれば、ポートフォリオのほんの一部だけ、リスクの高い資産に投資してみよう。ただ、あくまで楽しむことが目的であり、将来必要となるお金を使ってはいけない。

私はポートフォリオの10パーセントを楽しむ投資のための資金と位置づけ、アマゾンなどお気に入りの銘柄や将来有望な医療セクターのファンドに投資している。また、起業したばかりの会社に投資するエンジェル投資も行っている。これらは非常にリスクの高い投資だが、仮に失敗しても、大きな火傷《やけど》にはならない程度の資金しか投資していない。もしバランスの取れたポートフォリオを組んだ上で余剰資金がある場合は、そのお金を賢く投資しよう。ただ、金額は抑えるべきだ。

29万7754ドルから得た教訓

15歳の誕生日を迎えると、多くの父親は子どもに車の運転の仕方やかみそりの使い方を教えたり、キンセアニェーラ〔15歳の少女の誕生日を祝う南米を起源とした祝儀〕を催したりしてくれる。私の父が教えてくれたのは、証券口座の開設の仕方だった。

15歳ではロスＩＲＡ（アメリカの個人型確定拠出年金）を開設するにはまだ早すぎるため、父と私はインターネット証券で未成年口座を一緒に開設した。私はピザ屋でのアルバイトなどで数千ドルを貯めていたため、さっそく何に投資すべきかリサーチを始めた。子ども時代の私にとっては、非常にワクワクする経験だった。

- どの銘柄が大きく上昇したのか、もしくは下落したのかを調べる（ハイリスク＝ハイリターンであり、若さを武器にハイリスクに耐えられれば、ハイリターンを得られると考えていた）
- 投資先をテクノロジー企業に限定する（自分はテクノロジーへの造詣が深いと思い込んでいた！）
- インダストリー・スタンダードなど、次から次に有望な投資先企業を売り込んでいる経済誌を読む
- 当時は投資とは銘柄選択だと思っていたため、最終的に3銘柄を購入した

私はＪＤＳユニフェーズという光通信を手がける企業の株を買った。その株価は実質、ゼロになった。

さらに、私はエキサイトという初期の検索エンジンを手がける企業の株を買った。その会社は倒産した。

そして、アマゾンという小さな会社の株をおよそ1万1000ドル分購入した。その投資は29万7754ドルもの価値になった。

一見すると、私は投資で大成功したように見えるかもしれないが、この経験からは多くの教訓を学び取ることができる。

表面的な教訓：「アマゾンを選ぶなんて、なんて賢いんだ！」

真の教訓：まさに勘違いしがちな誤った教訓だ。もしそう思ったのであれば、注意して読んでほしい。大事なのは、なぜ自分が勝ったのか、なぜ自分が負けたのか、その理由を知ることだ。私はアマゾンへの投資で成功したが、それは私が優秀な投資家だったからではない。単なる運だった。数十年に一度の大当たりにすぎなかったのだ。

表面的な教訓：もし次のアマゾンを選べれば、リッチになれる。

真の教訓：投資とは個別銘柄を選ぶことではない。研究によると、経験豊富なポートフォリオ・マネジャーですら長期的に見ればマーケットに負けるのだ。私はほかにも百銘柄を選ぶことができたが、統計的に言えば、マーケットに勝つことはできなかっただろう。アマゾンは単なる幸運だった。長期的には手数料の安いインデックスファンドへの投資の方が、もっと稼げていたはずだ。

表面的な教訓：正しい銘柄を選ぶことは非常に大事だ。

真の教訓：早く始めることこそが非常に大事だ。私の場合は、早い時期に投資をするよう父親に勧められたことが、非常に幸運だった。ただ、両親があまりお金について詳しくない人もいれば、投資とは個別銘柄を選ぶことだと勘違いしている人もいる。誰もが皆、人生のスタート地点は異なる。私の父親はウェイトトレーニングでデッドリフトをするときに体幹を使うことの重要性を教えてはくれなかった。私たちは皆、与えられた手札で生きていかなければならない。ただ、あなたは幸運にも本書を手にした。これからは積極的に投資を始められるはずだ。

暗号資産は？

ゾンビ映画に登場するゾンビ集団さながらの「無分別」な集団が、最近この界隈に登場した。暗号資産投資家と呼ばれる人たちだ。彼らの大多数はほかの資産には投資していないため、厳密な意味での投資家ではない。彼らを投資家と呼ぶのは、泳げるからといって、私のことを人魚と呼ぶようなものだ。

暗号資産こそが将来の通貨だと声高に主張する人たちに会ったとき、暗号資産以外にどの資産を保有しているのか訊いてみてほしい。その答えを聞けば、彼らが投資家ではなく投機家であることがすぐにわかるだろう。彼らは分散投資などしていないのだ。

以下が彼らの代表的な答えだ。

「何言ってるの。法定通貨なんかには投資しないよ」
「従来のありきたりな投資なんかつまらないよ」
「君はブロックチェーンのことがわかっていないないな」

彼らはいわゆるコントラリアン〔逆張りの人、反主流派〕だ。コントラリアンはひとりだけだと、単に少しクレイジーに聞こえるだけだ。ところが彼らがふたりそろうと、無能な投機家のあらゆる特徴を備えた集団になる。

彼らはほぼ全員が若く、自由主義で、不満を抱えている。現実のキャリアで成功している人が、「HODL」（暗号資産の長期保有を意味する）といった暗号資産界隈でしか通用しないスラングを駆使しながら、ソーシャル・メディアで1日4時間もやり取りするわけはない。興味のある人は〈bitcoin.reddit.com〉をのぞいてみてほしい。暗号資産が暴落しているため、今では少し閑散としている。

ポートフォリオの一部の資金で、オルタナティブ投資をすることに異論はない。私は世の中の通貨を辛辣に批判するなどして、自らの投機行動を正当化しようとする彼らの群集心理を問題視しているのだ。投資としての暗号資産について、読者の方に理解してもらえるよう少しわかりやすく説明する。

彼らの主張：暗号資産は様々な財やサービスを購入できる通貨の形だ。

現実：暗号資産が利用できる店はほとんどない。また、人々は自分たちが保有する通貨の価値が安定的であることを望む。もしあなたの保有する暗号資産が1週間で25パーセント以上変動する場合、どうなるだろうか？　その通り。誰もその通貨を使いたがらなくなる。来週にはテレビが25パーセント安く買えるかもしれないからだ。

彼らの主張：暗号資産によって暗号化や分散型取引が可能となり、人々は匿名性を保持できる。
現実：それは真実であり、人々が匿名で何かを購入したがるのには正当な理由がある。ただ、暗号資産は現在、主にドラッグを購入するために使われている。

彼らの主張：法定通貨よりはマシだ。
現実：もしあなたが暗号資産の狂信者と暗号資産について3分以上会話をすれば、彼らは確実に法定通貨の話題を持ち出すだろう。金とドルの兌換停止を発表した1971年のニクソンショックを引き合いに出し、「お金なんか幻にすぎない」と彼らは言う。私はただ目をぱちくりさせるだけだ。

彼らの主張：大切なのはビットコインではなく、ブロックチェーンだ。
現実：ビットコインはブロックチェーンの技術を使った暗号資産の1つにすぎない。そのテクノロジー自体は、間違いなくすばらしいものだ。一方で、現実での活用の失敗から話題を逸らすために利用される文言でもある。ある研究によると、ICO（イニシャル・コイン・オファリング）の80パーセントは詐欺と認定されたという。狂信者はこれらの事実を無視し、ブロックチェーンこそがあらゆる社会的病理を治す万能薬だと主張する。「お腹空いたの？　ブロックチェーンがお腹いっぱいにしてくれるさ」「犬の散歩に行くの？　ブロックチェーンを使うといいよ」「下着を変えるの？　それならブロックチェーンはどう？」

彼らの主張：暗号資産はすばらしい投資だ。

現実：ビットコインは2017年に急騰した。1月〜6月にかけて、S&P500の9パーセントの上昇率に対して、240パーセントも上昇したのだ。ただ、リターンが不規則なのは多くの人が考えているよりも大きな問題だ。ビットコインは短期間で急騰する一方、そこから岩のように転げ落ちたりもする。ほかのハイリスクのギャンブルと同じで、投資家は急騰したときの興奮にハマる。一方で、下落したときには損失をひた隠しにし、他人に話そうとはしない。ビットコインというワードの検索数は、ビットコインの価格の動きとまさに歩調を合わせる。もちろん、価格が下がれば人々はビットコインを話題にしなくなる。

暗号資産には、ギャンブルやカルトと同じ兆候が見られる。

- 疑問を抱くことは厳禁であり、厳しく罰せられる
- ますますリスクの高い行動を取るようになる（借金をして暗号資産に投資する）
- 価格が上がろうが下がろうが、暗号資産はいずれあらゆる通貨を代替するという理由で片付けられる

- 「法定通貨を撤廃させる」といった、ますます不合理な主張をするようになる
- ゴールポストを動かす（「これは通貨だ……いや、投資だ……いや、我々は世界を変えているんだ」）

もし暗号資産に投資したいのであれば、してもらってかまわない。すでに地に足のついたポートフォリオを構築している人が、資産の5~10パーセント程度を楽しむための投資に回しても問題はない。ただ、優先順位を誤ってはいけない。まずは堅実なポートフォリオの構築を優先しよう。

第5週のアクションステップ

［1］**自分の投資スタイルを決める**。シンプルにターゲット・デート・ファンドに投資するのか、複数のインデックスファンドに投資して独自のポートフォリオを組むのか。私は85パーセントの法則に従い、ターゲット・デート・ファンドを推奨する。

［2］**投資先を調べる**。ターゲット・デート・ファンドに投資すると決めた際には、運用会社や証券会社のサイトでファンドを調べてみよう。自らポートフォリオを構築する場合は、スウェンセンのアセットアロケーションモデルを参考にして、買うべきファンドの優先順位を決めよう。アセットアロケーションが決まれば、運用会社のサイトで検索して、目的に合ったファンドを見つけよう。

［3］**ファンドを買う**。ターゲット・デート・ファンドを買うのは簡単だ。まず、証券口座に資金を入れ、口座にログインし、買いたいファンドを検索するだけだ。個別のインデックスファンドを買う場合は、1種類ずつ買っていこう。

第7章

資産をメンテナンスしよう

ポートフォリオを調整する方法

あなたはすでに85パーセントの法則を実践し、パーソナル・ファイナンスにおいて最も重要な作業を終わらせている。リッチな生活とは何かをしっかりと定義し、お金を生み出す自動化システムを立ち上げた。毎月の請求書の支払いに窮する多くの人を横目に、あなたは自分の心から好きなことに時間を使えているはずだ。

ただ、もしあなたがオタク気質の持ち主で、パーソナル・ファイナンスのシステムを改善する方法についてもっと深く知りたいのであれば、この章はあなたの役に立つだろう。システムのメンテナンスに関する話題をいくつか扱い、資産を最適化する方法についても説明していく。本当に興味がある読者以外は、本章のアドバイスに従う必要はない。

なぜもっとお金が欲しいのか？

私はどの分野でも一番になるよう――もっと一生懸命に勉強し、もっと長い時間働き、誰よりも高い成果をあげるよう――育てられた。その考え方によって、多くの面で報われてきたと感じている。

ただ、理由や目的も考えず、ひたすら盲目的に一番を目指すやり方には負の側面がある。本章を読み進める前に、その努力は何のためにやっているのか、自分自身に問いかけてみてほしい。ただ単に年収を1万ドル増やすため？　それとも実際にリッチな生活を送るため？

ファイナンシャル・アドバイザーは盲目的に「もっと、もっと、もっと」頑張ろうと尻を叩きたがる。立ち止まることは許されず、「これくらいで十分？」かどうかを考えさせてはくれない。プレイしている理由を考えさせることなく、勝つこと自体が目的化しているのだ。いつになったら立ち止まることが許されて、これまでの努力の成果を楽しむことができるのだろうか？

私はこれまで、多くの人が「スプレッドシートの中で生活する」ようになる姿を見てきた。支出をコントロールすると決断し、貯蓄のために生活を改善させるまでは良かったものの、節約と貯蓄に歯止めがかからなくなり、最終的には毎日、資産がいくら増えたのかだけを考えて生活するようになる。なぜプレイしているのかを考えることなく、ゲーム自体に夢中になっているのだ。

あなたはスプレッドシートの中で生活する人にはなりたくないはずだ。アセットアロケーションをいじくり回し、モンテカルロ・シミュレーションを行うことだけが人生ではない。あなたはすでに、序盤のゲームでは勝利を収めている。そろそろなぜこのままプレイを続けたいのか、その理由を自問自答すべきタイミングだ。その答えが「ぜいたくなバケーションを取って、ファーストクラスのチケットを買いたい」であっても、「夢見ていた理想の地域に引っ越したい」であってもかまわない。私はそれらの目標にいち早く到達できる方法を紹介できる。

「どうしてもっとお金が欲しいのですか?」と尋ねたとき、よくある答えは「自由」と「安心」だ。それはそれでいいのだが、あなたにはもっと具体的な答えを探究してほしい。目標が高すぎたり漠然としていると、モチベーションはそれほど高まらない。真のモチベーションとなるためには、リアリティがあって、具体的なものでなければならない。私たちの日々の生活に影響を与えるものだ。

年収を1万ドル増やしたい理由をはっきりと明確にしなければならないとき、あなたはどう答えるだろうか? あなたの真のモチベーションは何なのか? もちろん、高尚な人生の目標を掲げてもいいし、散歩しながら、今何に一番ワクワクするのか考えてみてもいい。その答えはあなたが思っているよりも、ずっとシンプルなもののはずだ。

あなたのモチベーションは、5時のハッピーアワーに行く際に、電車に乗る代わりにタクシーに乗ることかもしれない。グランピング旅行に友だちを誘えるよう、お金を負担してあげることかもしれない。私の最初のモチベーションは、外食のときにレストランで前菜を頼むことだった。

あなたはなぜ年収を増やしたいのか? 漠然とした答えではなく、自分の心に正直になって、もっと具体的な答えを見つけ出そう。

資産を早く増やす方法

ここまで資金を自動的に投資に回すシステムを立ち上げてきたが、このシステムの燃料は1つしかない。あなたが投じるお金だ。つまり、システムの強靭さはあなたが投じる資金の額で決まるということだ。

私たちはこれまで、85パーセントの法則を実践してきた。とにかく始めることが、最も困難であり重要なステップだった。月に100ドルしか投資に回せなくても問題ではなかった。ただこれからは、純粋に投資に回せる金額の多寡が重要になってくる。

ここであなたの目標が重要な役割を果たす。例えば、もし15年後にFIREしたいのであれば、これまでよりも労力を投じて、積極的に貯蓄と投資に励まなければいけないことがわかるだろう。一方で、もしニューヨークのマンハッタンに住んで、ぜいたくな生活をしたいのであれば、カクテルバーやデリバリーの食事を楽しめるような支出プランをつくってもいい。

もちろん、すべてを実現できれば最高だ。積極的に貯蓄に励みながら、信じられないほどリッチな生活も送る。しっかりとした計画を立てれば（さらに十分な収入があれば）、それらを両立することは不可能ではない。ただ忘れてはならないのは、できる限り多くの資金をできるだけ早くシステムに回すことが、目標をいち早く実現するための重要なカギになるということだ。

別の言い方をすると、もしあなたが1ドルを5ドルに変える魔法の機械を見つけたら、どうするだろうか？　できる限り多くのお金をその機械に入れようとするはずだ。ただ、どうしても時間はかかる。きょう投資したお金は必ず、明日にはより大きな価値となって戻ってくる。

○どのくらい資金は増えるのか

8パーセントの年率リターンを想定すると、資産はどれくらいのペースで増えていくのだろうか？

次の表を見れば、投資額によってどれほど大きく資産が変わるのかがわかるだろう。

投資額	100ドル／月	500ドル／月	1,000ドル／月
5年後	7,347ドル	3万6,738ドル	7万3,476ドル
10年後	1万8,294ドル	9万1,473ドル	18万2,946ドル
25年後	9万5,102ドル	47万5,513ドル	95万1,026ドル

注:単純化のために税金は考慮に入れていない。

第3章で説明した意識的支出プランでは、貯蓄と投資に回すべき標準的な割合を提案した。あなたの当面の目標は、それらの割合を貯蓄と投資に回せるようにすることだ。その数字を達成できた暁には、さらにできる限り多くの資金を投資と貯蓄に回すよう努めてほしい。

「もっとお金を投資に回すだって？　これ以上、1セントも出せません！」と言いたい気持ちはわかる。私はあなたから無理やりお金を搾り取ろうとしているわけではない。ただ、複利の力を借りることによって、今努力すればするほど、将来手にできる資産は大きくなるのだ。

自分の意識的支出プランを見直してみてほしい。どうすればもっと投資にお金を回すことができるだろうか？　車や家など大きな買い物をするときに真剣に交渉する。情け容赦なく支出を切り詰める。昇給を会社と交渉する。給与の高いほかの仕事に転職する。いろいろな手段が考えられるはずだ。

とにかくあらゆる手段を駆使して、できるだけ多くの資金を毎月システムに投入できるよう努力しよう。今こそやるべきときだ。後回しにして楽になることはない。できるだけ早く、できるだけ多くの資金をシステムに投じれば、目標に到達するまでの期間は短くなるのだ。

リバランス

自らの手でアセットアロケーションを管理すると決めた場合には、定期的なリバランスが必要となる。資産の一部――例えば、海外株――がほかの資産をアウトパフォームすると、その資産の割合が目安としている比率を超過する。アセットアロケーションの比率を一定に保つためには、年に一度はリバランスをしなければならないのだ。

投資ポートフォリオを裏庭にたとえよう。ズッキーニの占める割合を15パーセントに維持したいのに、手がつけられないほど成長して裏庭の30パーセントを占めるようになれば、ズッキーニを刈り取るか、裏庭を拡張してズッキーニの割合を15パーセントに戻さなければならない。

ここでは、あなたがスウェンセンのモデルに従ってアセットアロケーションを決めたとする。保有する資産の一部が堅調に推移するのは喜ばしいことだが、1種類の資産の割合がほかの資産と比べてアンバランスに大きくなったり、小さくなったりしないよう、アロケーションをこまめに調整する必要がある。リバランスはポートフォリオを適切な資産の割合に維持し、特定の資産の変動による過度な影響を受けないようするためのものだ。

リバランスの最善の方法は、それぞれの資産の割合が目標とする数字に戻るよう、割合が小さくなった資産に投じる資金を増やすことだ。仮に30パーセントを目安としていた国内株が急騰したことでポートフォリオの45パーセントを占めるようになったとすれば、一時的に国内株に資金を投じるのを中断して、その分の資金をほかの資産に投資するのだ。つまり、資産の比率が目安とする数値に戻るまで、ポートフォリオのほかの資産を増やしていけばいい。

目標とするアセットアロケーション

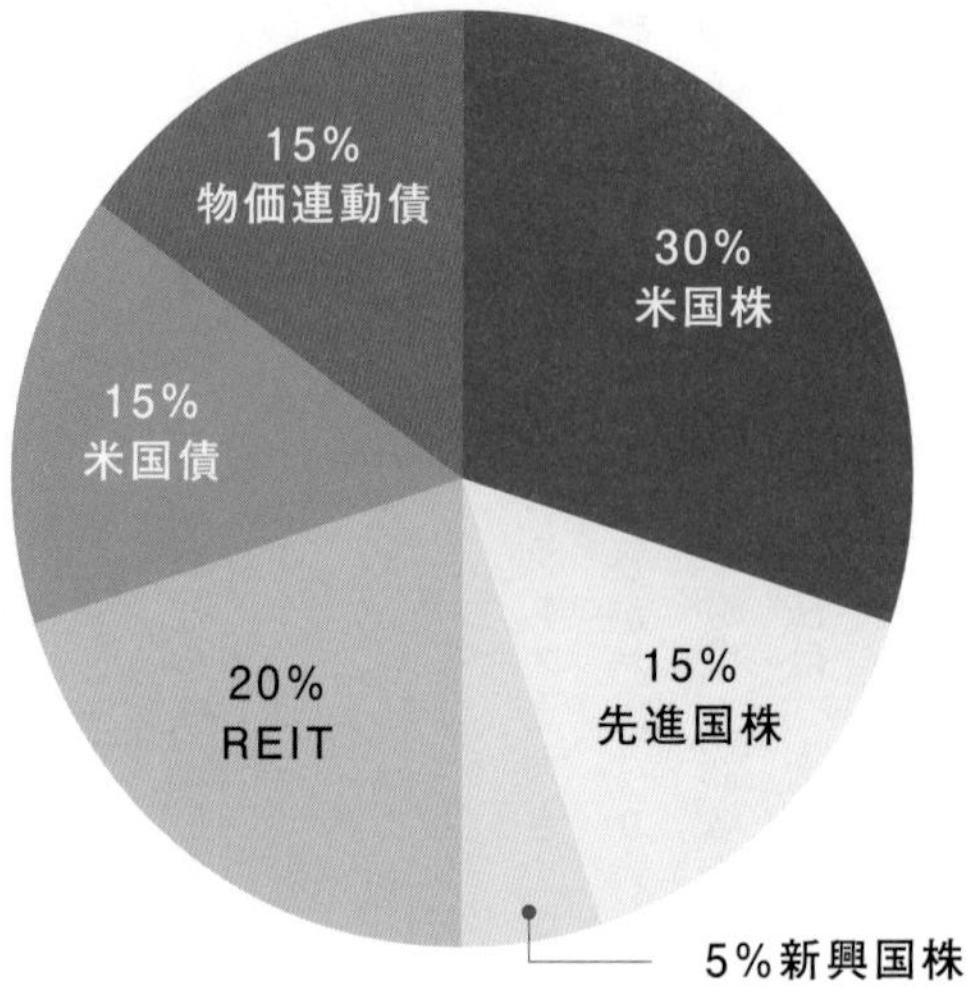

仮に米国株が50%急騰したとすると、
突然、米国株がポートフォリオに占める割合は大きくなり、
ほかの資産とのバランスがおかしくなる。

米国株上昇後のアセットアロケーション

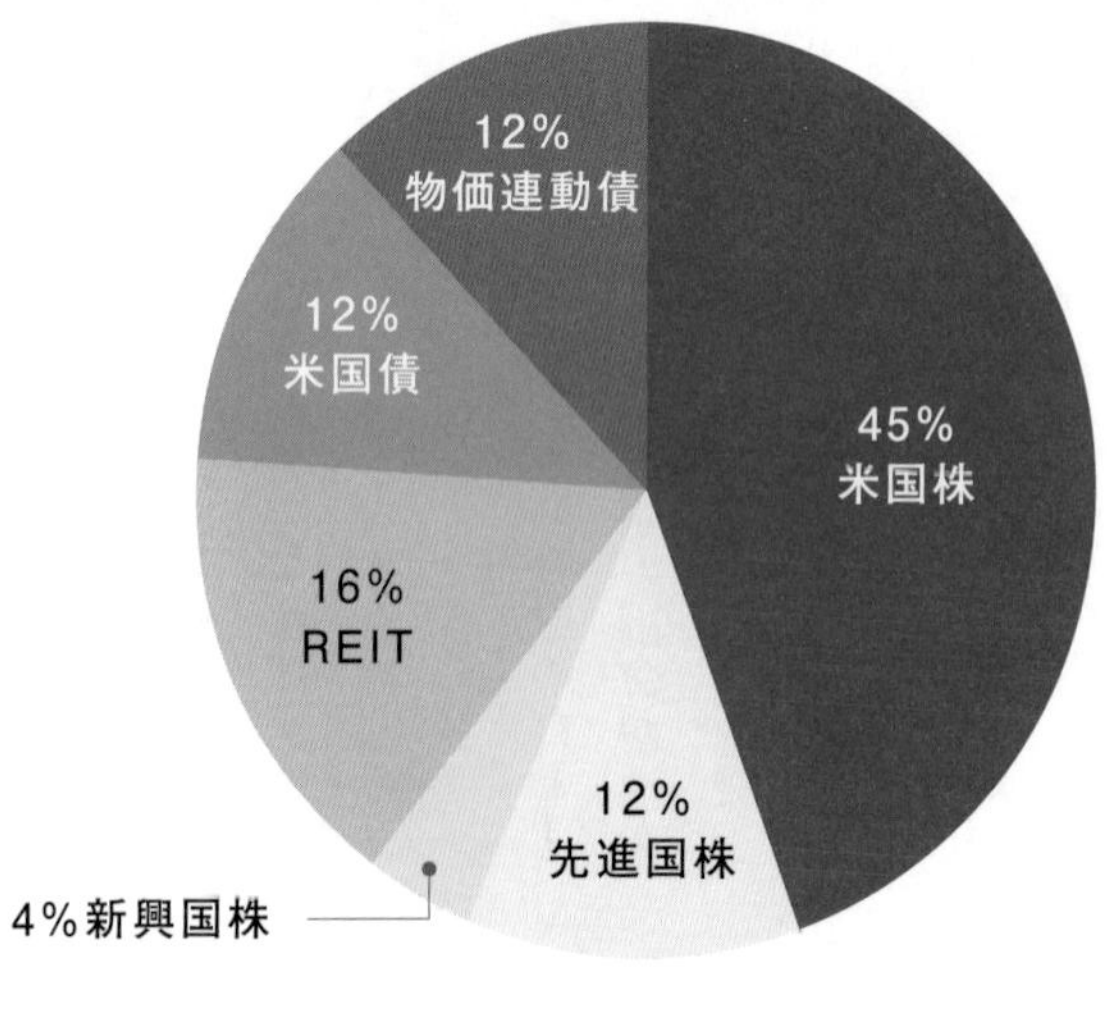

具体的な仕組みを確認するために、次のページの表を見てみよう。このケースでは、8カ月後に目標とするアセットアロケーションに回帰していることが見て取れる。

リバランスにはもう1つの方法がある。アウトパフォームしている株式を売り、売却で得た資金をほかの資産に振り分けて比率を元に戻すというやり方だ。ただ、私は資産の売却は好きではない。売買手数料が発生するほか、「思考」を必要とするからだ。そのため、私自身はこのやり方はあまりお勧めしない。

一方、資産の一部が大きく下落した場合もアセットアロケーションのバランスはおかしくなる。この場合は、ほかの資産への投資を中断し、より多くの資金を下落した資産に回すことで、元の資産の比率に戻すことができる。

忘れないでほしいのは、ターゲット・デート・ファンドに投資すれば、これらすべての面倒な作業を運用会社が代わりにやってくれるということだ。私がターゲット・デート・ファンドを好むのは、まさにこうした理由からだ。

米国株の割合が目標の30%ではなく45%になったため、
リバランスが必要だ。米国株への投資を中断し、
その資金を均等にほかの5つの資産に振り分けよう。
毎月の投資資金(1,000ドル)は次のように配分されることになる。

0% 資金の投入を中断し、その分をほかの資産に均等に(それぞれ6%)配分する。

21% 目標は15%であるため、6%追加すると21%になる。月に210ドルだ。

11% 目標は5%。6%追加して、月に110ドル。

26% 目標は20%。月に260ドル。

21% 目標は15%。月に210ドル。

21% 目標は15%。月に210ドル。

5カ月目 16,727ドル		6カ月目 17,727ドル		7カ月目 18,727ドル		8カ月目 19,727ドル	
アロケーション	価値	アロケーション	価値	アロケーション	価値	アロケーション	価値
34%	5,727ドル	32%	5,727ドル	31%	5,727ドル	29%	5,727ドル
14%	2,340ドル	14%	2,550ドル	15%	2,760ドル	15%	2,970ドル
6%	940ドル	6%	1,050ドル	6%	1,160ドル	6%	1,270ドル
18%	3,040ドル	19%	3,300ドル	19%	3,560ドル	19%	3,820ドル
14%	2,340ドル	14%	2,550ドル	15%	2,760ドル	15%	2,970ドル
14%	2,340ドル	14%	2,550ドル	15%	2,760ドル	15%	2,970ドル

ポートフォリオのリバランス

1万ドルのポートフォリオで、米国株が50％上昇した状況

価値	12,727ドル	
	アロケーション	価値
米国株	45%	5,727ドル
先進国株	12%	1,500ドル
新興国株	4%	500ドル
REIT	16%	2,000ドル
米国債	12%	1,500ドル
物価連動債	12%	1,500ドル

	2カ月目		3カ月目		4カ月目	
価値	13,727ドル		14,727ドル		15,727ドル	
	アロケーション	価値	アロケーション	価値	アロケーション	価値
米国株	42%	5,727ドル	39%	5,727ドル	36%	5,727ドル
先進国株	12%	1,710ドル	13%	1,920ドル	14%	2,130ドル
新興国株	4%	610ドル	5%	720ドル	5%	830ドル
REIT	16%	2,260ドル	17%	2,520ドル	18%	2,780ドル
米国債	12%	1,710ドル	13%	1,920ドル	14%	2,130ドル
物価連動債	12%	1,710ドル	13%	1,920ドル	14%	2,130ドル

注:四捨五入しているため、一部の月では資産の割合の合計が100％にならない。

毎年のチェックリスト

パーソナル・ファイナンスのシステムには定期的なメンテナンスが必要だ。私は毎年、数時間ほどかけてシステムを見直し、必要な調整を行っている。例えば、不要なサブスクリプションを契約していないだろうか？　意識的支出プランに新たに短期の目標を加えるべきではないか？　毎年、以下の項目を確認するようにしよう。

意識的支出プランを見直す（3時間）：以下は大まかな目安だ。もしあなたの支出がこれらの割合に沿っているなら、リッチな生活に向けて大きく前進しているはずだ。

- 固定費（50〜60％）
- 投資（10％）
- 貯蓄（5〜10％）
- 罪悪感のない支出（20〜35％）
- サブスクリプションの見直し（不要ならやめる）
- ケーブルテレビとインターネットの料金を再交渉
- 貯蓄目標の見直し：きちんと貯蓄に励んでいるか？

- 固定費が高すぎる場合、家賃を下げるべきかもしれない。
- 投資が10％以下なら、ほかの支出――通常は罪悪感のない支出――から投資に回すべきだ。

料金を交渉する（2時間）：請求される料金の多くは、交渉すれば引き下げることができる。

- 携帯電話
- 自動車保険
- ケーブルテレビとインターネット
- 銀行の手数料

投資（2時間）

- 企業型確定拠出年金に限度額を拠出し、投資資金が口座に眠っておらず、正しいファンドに投資されているのかどうか確かめよう。
- 個人型確定拠出年金（イデコ）に限度額を拠出し、投資資金が口座に眠っておらず、正しいファンドに投資されているのかどうか確かめよう。
- あらゆる税優遇口座（ＮＩＳＡなど）を利用できているのかどうか確かめよう。

借金（2時間）

- 借金の返済プランを見直そう。プラン通りにきちんと返済できているか？　返済を早めることはできないか？

クレジットカード（1時間）

- クレジットカードのポイントを使う計画を立てよう。
- 利用し損なっている特典がないか、カード会社に電話して確認しよう。
- 不要な手数料を払っていないか確認しよう。

収入を増やす（継続的に行う）

- 昇給を交渉しよう。
- 副業で稼ごう。

その他

- 自動車保険や生命保険など保険の必要性を見直そう。
- 扶養者がいるのであれば、遺書を用意しておこう。

◦資産の売却を熟慮すべき理由

私はこれまで、投資資産を売却したことがない。長期投資だから売却する必要がないのだ。一般的に、私たちは資産を売却するたびに税金を払わなければいけない。ただ、税制優遇が受けられる年金口座を使って投資していれば、資産を売却して利益を上げても税金を払う必要はない。確定拠出年金口座では、税金を払うのはリタイア後に資金を引き出すときだけだ。

もしあなたが正当な投資を自負しているのであれば、長期投資をしているはずだ。投資家が市場の頃合いをはかることなどできないことは、すでにご存じだろう。バイ・アンド・ホールドの方が頻繁に売買するよりもリターンが高いことを説明した。税金を考慮に入れると、資産を売却することによってあなたの勝ち目はますますなくなる。だからこそ、私は個別銘柄を買うのではなく、ターゲット・デート・ファンドやインデックスファンドを買って、シンプルなポートフォリオを組むべきだと提唱している。

売却のタイミングを知る

若いときに投資資産を売却する理由は3つしかない。急にお金が必要になったとき、間違った投資をしてマーケットをアンダーパフォームし続けたとき、投資していた当初の目標を達成したときだ。

○急にお金が必要になったとき

突如、緊急事態が起きてお金が必要になったときは、以下の順番で資金を工面しよう。

［1］貯蓄口座のお金を使う。

［2］副業でお金を稼ぐ。ウーバーで運転手をしたり、中古の服を売ったり、家庭教師をしたりする。短期間でまとまったお金を稼ぐことはできないかもしれないが、持っているモノを売却することによる心理的な効果は大きい。自分と家族に対して、いかに真剣であるのかを証明できる。

［3］家族にお金を借りられないか相談する。

［4］投資口座のお金を使う。普通の証券口座の資金であれば、いつでも引き出すことは可能だが、その間は複利の恩恵にあずかることができなくなる。

5 クレジットカードに頼るのは最後の手段だ。カード会社に法外な金利を請求される可能性が高いため、本当に必要なとき以外はカードに頼ってはいけない。

すでに達成した人のためのオプション

パーソナル・ファイナンスの最適化を済ませた人から「次は何をすればよいのでしょうか?」と前向きなメールをもらうことがある。うれしい限りだ。私の答えは、自分よりも5~10歳年上の人に、早く始めておくべきだったと後悔したことは何かを尋ねて、それを実行しようというものだ。おそらく、すぐに3つの答えが返ってくるだろう。

1 **緊急時用のファンドをつくる。**緊急時用ファンドとは、失業や障害、不運などに見舞われたときに備えるための、もう1つの貯蓄目標だ。もし住宅ローンを抱えていたり、家族を養う必要がある場合は、緊急時用ファンドは経済的な安全性を確保するために不可欠なツールだと言える。単純にもう1つ貯蓄目標をつくり、ほかの貯蓄目標と同じように毎月の収入から一定額の資金をその口座に回せばいい。可能であれば、生活費(住宅ローンの返済や食費、交通費などあらゆる支出を含む）の6〜12カ月分を用意しよう。

［2］**保険**。年齢を重ね、気難しくなるにつれて、自分を万が一の出来事から守るためにますます多くの保険に加入したくなるだろう。持ち家に対する保険は必要だが、若い独身の人にとって生命保険は必要ない。第一に、統計的に私たちが亡くなる確率は極めて低い。また、保険金は配偶者や子どもなど、あなたに生計を依存している人のためのものだ。保険についての詳しい説明は本書の範疇を超えているので、もし興味があるのであれば、あなたの両親や友人に話を聞いたり、インターネットで「生命保険」と検索して調べてほしい。おそらく今すぐ必要となる保険は少ないが、必要になったときのために保険に加入するのは悪くない考えだ。最後に、保険は決して優れて投資商品ではない。投資ではなく、あくまでダウンサイドリスク——火事や事故——に備えたサービスとして利用しよう。

［3］**子どもの教育**。子どもがいようがいまいが、まずはあなた自身が経済的に豊かになることを考えよう。借金を抱えているにもかかわらず、子どもの教育のために貯蓄をしようとしている人をインターネット上でたまに見かけるが、思わず困惑してしまう。まずは借金の泥沼から抜け出し、自分のリタイアに備えて貯蓄に励もう。子どもの心配をするのはその後だ。

仮にあなたがまだ若くても、これらは今後10年の間に考えざるを得ないことのほんの一部だ。自分よりも少し年上で、経済的に成功している人から話を聞くのが理想だ。彼らのアドバイスは次の10年の人生を計画する上で、大いに参考になるはずだ。

○間違った投資をしてマーケットをアンダーパフォームし続けたとき

もしあなたがインデックスファンドに投資していれば、この問題は概ね解決している。シンプルに言うと、あなたが保有するインデックスファンドが下落するのは、市場全体が下落しているときだ。市場がこれから回復に向かうのであれば、株は以前よりも安く売りに出されているということであり、持っている資産を売却すべきでないばかりか、投資を継続し、安値で株を拾うべきだ。

個別銘柄に投資していて、その銘柄が下落している場合はどうだろうか？　保有している株が35パーセント下落しているとき、あなたは何をすべきか？

「ラミット、この株はクソだ！　全財産を失う前に、この株を売らなければ！」とあなたは発狂しながら訴えるかもしれない。

慌ててはいけない。何をすべきか決める前に、自分の置かれている状況を冷静に見つめよう。例えば、あなたの保有する株が消費財セクターの企業であれば、同じ業界のほかの株はどうなっているだろうか？　そのセクター全体を見渡すことによって、セクター全体が下がっていることに気づくかもしれない。あなたが保有する特定の銘柄が悪いわけではないのだ。

結果的に、その業界自体に対して不安を抱く恐れがある一方で、あなたが保有する銘柄が下落している理由も把握できる。セクター全体が下がっているからといって、すぐにその銘柄を売却すべきとはならない。それぞれの業界に景気の循環がある。その業界で何が起きているのか、しっかりと確認しよう。儲かる時期は今後も続くのか？　ほかの競合会社に市場を乗っ取られているのか？　その業界が単に循環的な下落局面にあるだけだと思ったなら、株を売らずに、これまで通り購入を続けよう。今後も回復しないと思ったなら、その株を売却してもかまわない。

改めて強調するが、私はほとんど投資資産を売却したことがない。なぜなら私は個別銘柄をめったに買わないからだ。ターゲット・デート・ファンドを購入したり、インデックスファンドでポートフォリオを組めば、資産の売却について考える必要はない。私のアドバイスとしては、そんなことに頭を使わず、もっとほかの重要なことに時間と労力を割くようにしよう。

◦当初の目標を達成したとき

バイ・アンド・ホールドは超長期の投資にとってはすばらしい戦略だが、明確な目標のための資金源を貯めるために短期、もしくは中期の投資を行っている人も少なくない。例えば、「タイでのバケーションのために投資するつもりだ……すぐに行くわけではないので、月に100ドルを投資口座にコツコツ預けているんだ」といった具合だ。もしあなたの目標が5年以内のものであれば、私は投資ではなく貯蓄目標を立てるべきだという立場だ。ただ、もしあなたが5年以上の長期の目標のためにコツコツ投資してきて、その目標を達成したなら、潔く資産を売却して、あれこれ考えないようにしよう。すばらしい成功体験であり、当初の目標のためにそのお金を使うべきだ。

ゴールは目前だ

残すは最後の章のみとなった。これまで読者の方から多くのメールやブログのコメントをいただいたことで、多くの人に共通する疑問があることを私は学んだ。最後の章では、お金や人間関係、車、持ち家など、読者の方に共通する疑問について幅広く扱っていく。

第8章

リッチな暮らしを送ろう

人間関係、結婚式、車や住宅にまつわるお金のやりくり現在の妻であり、当時はまだ彼女だったキャスと交わしたあの会話を、二度と忘れることはないだろう。感謝祭の直前の時期で、子どもや結婚、お金など人生における大切なことについて、そろそろふたりで話し合った方がいいと私たちは考えた。

システムが好きな私は、話し合うべき項目のアジェンダを作成した。以下がその項目だ。

- 子どもの数
- 結婚式
- 時期
- 住む場所
- 子どもの名前
- ライフスタイル——どちらが働くか

まずは婚約だ。私たちはすでに数年間、付き合っており、キャスは結婚する気持ちを固めていた。実際、彼女は「来年の第1四半期までに婚約したいの」と言った。ふたりの関係について「四半期」というファイナンス用語を使ったのだ。私がまさに生涯の伴侶と思える女性を見つけた瞬間だった。

子どもを何人欲しいのか、どちらが働くのか、どこに住みたいのか、どんなライフスタイルを送りたいのかなど、様々なことについて話し合った。

話し合いの終盤でついに、私は深呼吸をしながら、長い間、話し合うべきだと考えていた話題を切り出した。「もう1つだけ話したいことがある。婚前契約書をどうしても交わしたいんだ」。

婚前契約書については、また後ほど詳しく述べる。本書で、私はお金について話してきた。お金はリッチな生活において小さな一部にすぎないものの、重要なものだと思っている。

では、それ以外のことはどうだろう？

子どもの数、住む場所、家を買う決断など、愛やお金に関して話し合うべき大切な項目はたくさんある。パーソナル・ファイナンスを自動化した暁には、次は何をすべきなのだろうか？

リッチな生活はスプレッドシートの中には存在していない。毎年のように複利の計算をしたり、アセットアロケーションをいじくり回したくなる気持ちはわかる。ただ、私のアクションステップに従ってパーソナル・ファイナンスを自動化した人は、ゲームにはすでに勝利している。あとは時間と忍耐をかけて、システムを少しずつ大きくしていくだけだ。

次にやるべきことは、複利によるリターンを計算し直すことではない。あなたが望むライフスタイルをデザインすることだ。子どもが欲しい？　毎年、2カ月の休暇を取る？　飛行機代を払って、両親に会いに来てもらう？　貯蓄率を上げて、40代でリタイアする？

私はケニアを旅行しながら、この文章を書いている。ちょうど妻との6週間のハネムーンの最中だ。私たちの夢の1つは、両親をハネムーンの最初の目的地であるイタリアに招待することだった。食事をご馳走し、新たな思い出をつくるのだ。まさに記憶に残るリッチな経験だ。

私にとって、リッチな生活とは自由だった。お金について悩む必要がなく、好きなときに旅行ができて、興味のあることに取り組める。やりたいことに自由にお金を使え、タクシーの利用やレストランでの注文の際に悩む必要がなく、家を買う余裕もある。ただ、これはあくまで私のケースだ。リッチな生活の意味はおそらく、あなたにとっては全く違うはずだ。

これから、あなたならではのリッチな生活をデザインしていこう。

学生ローン——完済 or 投資

米連邦準備制度理事会（FRB）によると、大学を卒業した人は平均で3万5000ドルもの学生ローンを抱えているという。彼らは学生ローンの残高が、リッチな生活に向けた大きな足かせになっていると感じているかもしれない。ただ、学生ローンを借りたこと自体はおそらく、経済的に正しい選択と言えるだろう。

大卒の人の収入は高卒の人の収入をはるかに上回っていることが、統計データで明らかになっている。学生ローンは悪であり、大学には行くべきではないなどと無責任なことを宣《のたま》う専門家の言葉は無視しよう。学生ローンについて、よく訊かれる質問がある。「学生ローンの返済を優先すべきですか、それとも後回しにしてそのお金を投資に回すべきですか？」。

○投資vs学生ローンの返済

学生ローンの返済に苦労していると、「すぐに投資を始めるべきだ！」などとアドバイスをされても素直に耳を傾けられないだろう。ローンを先に完済すべきか、それとも投資に回すべきかという話になると、3つの選択肢がある。

1 最低金額だけ学生ローンを返済し、残りは投資に回す。
2 可能な限り学生ローンを返済し、完済した後に投資を始める。
3 2つの間を取り、資金の半分を学生ローンの返済に、残りの半分を投資口座に回す。

厳密に言うと、あなたがどうすべきかは金利次第だ。もし学生ローンの金利が極めて低いなら、1つ目の選択肢を選ぶべきだ。米国株のインデックスファンドに投資するだけで平均8パーセントのリターンが期待できるため、できるだけゆっくり学生ローンを返済しよう。

ただ、「厳密に言うと」という言葉を使わせてもらったのは、お金の管理が必ずしも理性だけに頼った判断ではないからだ。借金を抱えていること自体に不安を感じ、できるだけ早く返済したいと思う人もいるだろう。もし借金を抱えている不安で夜も眠れないのであれば、選択肢2を選び、できるだけ早くローンを完済しよう。とは言え、不安の解消を優先して、投資で資金を増やす機会を逃していることは理解すべきだ。

私としては、選択肢3を検討してほしい。最近では、学生ローンの金利と株式市場のリターンがあまり変わらないため、勝敗の確率が五分五分だからだ。ただ、学生ローンと株式市場には2つの大きな違いがある。複利と税制優遇口座だ。もし20代や30代で投資を始めたら、複利の力を借りることで大きな富を得られる。投資を先延ばしにしてしまうと、失った利益をあとで取り戻すことはできない。

また、確定拠出年金などの税制優遇口座で投資すれば、節税の観点からもお得だ。こうした理由から、私は選択肢3をお勧めする。資金の一部を学生ローンの返済に、一部を投資に回そう。割合はあなたのリスク許容度次第であり、シンプルに50対50でもいいし、投資に積極的に資金を回してもかまわない。

愛とお金

パーソナル・ファイナンスの基本について学ぶと、スプレッドシートの中での生活は楽になるものの、友人や両親、パートナーなど、あなたの周りにいる大切な人とお金との間の巧妙な舵取りを学ぶ方がずっと大変だ。

愛とお金が絡み合う状況は無限にある。チップを払わない友人と食事をする、両親が借金を抱えていたことがわかる、新しいパートナーと財布を共有する。愛とお金をうまくコントロールすることが、リッチな生活を実現する上で最も難しい――そしてリターンも大きい――作業と言えるだろう。

だからこそ、このテーマについて少しお話ししたいと思う。収入格差があるときに、パートナーと家賃をどのように分担するのかなど、簡単な公式で解決できる問題もあるが、それはあくまで支出の話だ。本当に難しいのは、正解のない問題だ。例えば、友人にいくら稼いでいるのか話すべきだろうか？　結婚においてお金が果たす役割は？　婚前契約書を交わすべきか？

すべての疑問に対する答えを持ち合わせているわけではないが、私の選択、そしてその理由についてこれから話していこうと思う。

他人のアドバイスを無視する

パーソナル・ファイナンスの基礎を習熟すると、お金の世界が雑音だらけであることに気づくだろう。叔父が勧める「注目株」、家計簿管理アプリ、友人がこっそり耳打ちする脱税方法。知識の多寡に関係なく、誰もがあなたのお金の管理に口をはさみたがる。その結果、あなたは他人の意見を過剰に意識するようになる。

一方、あなたがお金をきちんと管理していることを知ると、彼らはできない理由を並べ立てて、あなたの努力を悪し様に言う。

- 「絶対にうまくいかないよ……」
- 「リタイア？　何言ってるんだ！　俺なんか一生、働きづめさ」
- 「君みたいな貯蓄額を持っていたら最高だろうね……」

こういう輩《やから》にどのように言い返すべきか、私は15年以上も考えてきた。以下は私の空想だ。

空想した状況：パーソナル・ファイナンスが苦手で借金を抱えている男が、私に対して今やっている貯蓄や投資をすべてやめて、不動産やビットコインに投資すべきだと愚かな提案をしてくる。

応答の仕方：タイのパパイヤサラダを食べていたフォークを皿に置き、ナプキンで口を拭きながら、その男を頭のてっぺんからつま先まで眺めた後、「どうして君なんかからアドバイスを受ける必要があるんだ？」と一蹴する。ＢＧＭは鳴り止み、レストランにいた客全員が私に拍手をする。店のシェフが出てきて私と握手し、無料のデザートを提供してくれる。

こうしたコメントを何度も言われてきたことで、私は実際に何が起きているのかを学んだ。あなたがお金の管理を始めたとき、周りの人はそのことに気づく（あなたはおそらく以前よりもパーソナル・ファイナンスを話題にしているはずだ）。その結果、あなたと周りの人との関係は少しずつぎくしゃくしてくる。彼らはそれを不快に感じ、妙なリアクションを取り始めるのだ。あまり真に受けてはいけない。笑顔で「ありがとう」と言えばいい。周りの人も新しく変わったあなたに慣れてくると、そうしたコメントをしなくなるだろう。

ただ、それ以外のルートからもあなたの耳には雑音が入ってくる。ネット上の有象無象のアドバイスだ。本書の読者は自動化システムを実践できるようになると、投資やパーソナル・ファイナンスに関する更なる情報を求めて、レディットなどの掲示板を訪れるようになる。そして、見ず知らずの他人が勧める「先進的」とされる戦術を目にしてしまうのだ。

- 「タックス・ロス・ハーベスティングこそが最も大切だ！」
- 「ウソだろ、まだインデックス投資を信じてるの？　アップルが急騰することなんて誰が見ても明らかだろ」（テスラやビットコインのときもある）

どちらかと言うと、私は彼らに同情している。あなたも数週間前まではお金について無知だった。パーソナル・ファイナンスに関する本を手に取る覚悟を決めるために、何年もかかったかもしれない。数週間前まではなじみがなかったはずの、自動化や確定拠出年金などの概念も理解している。あなたがやるべきことは周りの人の最高の模範となることだ。そして彼らがアドバイスを求めれば、本書を彼らに紹介すればいい。

雑音は無視しよう。投資とはドラマチックなものでも、楽しいものでもない。あくまで淡々と継続することであり、雑草が伸びるのを眺めるくらい退屈なことだ。投資口座にログインするのは月に一度に制限しよう。それ以上、見てはいけない。アセットアロケーションを決め、資金を毎月、口座に振り込むだけだ。自分の信念を変えてはいけない。あくまで長期投資を貫き、日々の価格の変動に惑わされないようにしよう。

いろいろな情報を欲する気持ちは理解できる。必要なら探せばいい。ただ、情報に惑わされてはいけない。長期投資に関する限り、特別な秘訣などないのだ。スプレッドシート上で数字遊びばかりしながら、掲示板のスレッドをいつまでも眺めていてはいけない。パーソナル・ファイナンスに月に90分以上かける必要はない。スプレッドシートの世界から抜け出し、本当に大切なことに集中し、あなたなりのリッチな生活を送れるようになろう。

借金のある両親を助ける

年老いた両親の経済問題に気づくというのは、あなたが人生で直面する最も難しい状況の1

つかもしれない。両親は絶対に自白したり、自ら認めようとはしないだろう（恥ずかしすぎて、助けを求めることもしないはずだ）。ただ、「今は少しお金に余裕がない」などと濁しながら、ほんのりと匂わせる可能性は考えられる。

もしあなたの両親が借金を抱えていたら、あなたと両親との関係は気まずいものになるだろう。テクニカルな解決策を与えるのではなく、いろいろ質問をして、注意深く彼らの声に耳を傾けながら、助けが必要かどうか、助けを受け入れるかどうかを冷静に見極めることが肝要だ。

もし助けを必要としていたら、もちろん手を差し伸べよう。ただ、もし助けを必要としていなければ、どんなに彼らの状況が深刻であっても、その決断を尊重しなければならない。私の経験から言うと、優しく、敬意を持って接すれば、愛する人は心を開いてくれるはずだ。

状況は人それぞれ異なるものの、以下が両親に尋ねるべき主な質問だ。

- どこでお金について学んだのか？　家ではどのような教育を受けたのか？
- 魔法の杖があり、お金を自由にコントロールできるとすれば、どうなりたいか？
- 月にいくら稼いでいるのか？　月にいくら使っているのか？
- 収入の何パーセントを貯蓄に回しているのか？
- 銀行口座やクレジットカードに手数料は払っているか？
- クレジットカードの利用残高はいくらか？　どうしてゼロではないのか？

- 投資資産は持っているか？　なぜその資産を選んだのか？
- 投資信託は保有しているか？　手数料はいくら払っているのか？
- 税制優遇のある年金制度に加入しているか？

あなたの両親はすべての質問には答えられないかもしれない。ただ、親身になって彼らの声に耳を傾けよう。85パーセントの法則を活用し、両親の経済状況を改善するためにやるべきことは何かを考え、1つか2つに絞ろう。自動化システムを立ち上げることかもしれないし、達成感を味わってもらうために1枚のクレジットカードの利用残高を完済することかもしれない。あなたはこれまでに習ってきたことを活用して、両親を支えることができるのだ。

資産の額を親や友人に話すべきか？

数年ほど前から、私は両親に自分の収入や資産について話した方がいいのではないかと思い始めた。起業した会社は大きくなり、経済的には以前なら想像できなかったほど豊かになった。両親から仕事について訊かれたときは、「順調だよ」などとあいまいな答えに終始していたが、実際の売上の金額を教えるのが手っ取り早い答えだというのは明らかだ。

私は友人のクリスに相談してみた。クリスは私と似た境遇で育った作家で、彼はすぐに私の真意を理解してくれた。

「なぜ両親に話したいんだい？」と彼は尋ねた。いくら稼いでいるのかさえ教えれば、両親が抱えているはずの疑問――経済的に私が成功しているのか、アメリカに移住した決断は正しかったのか、私を誇りに思っているか――に答えられる気がするからだと私は答えた。

ただ、私は少し神経質になっていた。具体的な金額を教えることで、両親との関係がぎくしゃくすることを恐れていたからだ。「変な感じになるかもしれない」と、外国人の両親を持つ人しか理解できない含みのある言葉を使った。節約志向の両親を持つアジア人の子どもとして育ち、成人してから想像すらできなかったほど豊かになることがどんな感じなのかを、クリスは誰よりも理解していた。

突き詰めて考えると、私は両親に自分がうまくやっていることを理解してほしいだけだと気づいた。

クリスは私の思いには理解を示しつつも、具体的な金額まで教える必要はないのではないかと言った。シンプルに仕事がうまくいっていることを伝えたり、もっと一緒に時間を過ごすなど、ほかに両親を安心させる方法があるのではないかというのが彼の意見だった。実際、両親は私が銀行口座にいくら持っているのかを気にしているわけではない。私が幸せであるかどうかを知りたいだけだ。

その次に両親と会ったとき、私はこれまで両親から教わったすべてのことに感謝していると伝え、彼らのおかげで毎日、すばらしい生活を送り、夢のような仕事ができていると話した。

私の教訓としては、

- 経済的に成功することで、あなたと周りの人との関係は変わるかもしれない。そのことは十分に意識しておこう。
- 配偶者や親友、家族であれば、収入や資産の具体的な金額を教えてもかまわないが、それ以外の人に教えたくなるときには、その理由を自問自答してみよう。うまくやっていることを伝えるため？　ちょっと自慢するため？　ほかに伝える方法はないだろうか？　明確な理由もないのに、具体的な金額を教えるのは間違っている。あなたは善意のつもりかもしれないが、年収6万ドルの人にポートフォリオが100万ドルになりそうだと話すのは、傲慢な印象を与えてしまう。

大切な人とお金について話し合う

私の夢は、カップルがお金について話し合うテレビ番組の司会を務めることだ。私は仲裁役ではない。ただ後ろに座って、際どい質問をしながら議論を促すだけだ。出演者の緊張で震える手、額にしたたる汗、思わず口ごもる様子を楽しみながら、私は笑顔でチップスやサルサを頑張るのだ。テレビ局の方、ご連絡お待ちしています。

パートナーとこれまでもお金について話し合ったことはあるかもしれないが、同棲を始めたときや結婚したとき、財布を共有したときなど大きな節目には、時間をかけて真剣に話し合うよう心がけよう。冷静を保ちつつ、間違った質問さえしなければ、ふたりの結束をより強める効果が期待できる。

小手先の戦術よりも、心構えの方が大切だ。性急に判断を下さず、できるだけ多くの質問をしよう。以下がパートナーに質問すべき項目の一部だ。

- 「お金についてずっと考えてきたことを君とも共有したい。少し話し合ってみない？」
- 「お金について君はどう思う？　家賃にお金をかけたい人もいるし、一定の割合を貯蓄に回したい人もいる。僕は自分が外食にお金を使いすぎだと思っている。大雑把でいいから、君はお金についてどう考えてるか聞かせてくれる？」
- 「もし魔法の杖を持っていたら、自分のお金をどうしたい？　確定拠出年金で投資すべきだとわかっているんだけど、まだ加入の手続きすらしてないんだ」
- 「僕たちふたりのお金をどう使っていきたい？　支出の分担はどうする？　ふたりの目標に向かってお金を貯めたい？　楽しいことなら何に使いたい？」

この会話の目的は、お金がふたりにとって重要であることを改めて確認し、これから支え合っていきたいという方向で意見をすり合わせることだ。具体的な投資の仕方について話し合ったり、相手の金銭的にだらしない点を指摘して、気まずい思いをさせることが目的ではない。

○大切な話し合い

自分の懐事情を相手にさらけ出し、今後のふたりの人生について話し合う非常に大切な日だが、あなたはゆっくりと数週間をかけて、この日のために準備してきたのだ。それほど気を張る必要はない。

話し合いの前に、以下のものを準備しておこう。

- 口座と金額のリスト
- 借金と金利のリスト
- 毎月の出費
- 総収入
- 貸しているお金
- 短期と長期の経済的目標

私と妻の場合、全体像――お互いの収入と貯蓄の総額――から最初に共有した。そこから数カ月かけて、お互いのお金に対する考え方の理解を深めていった。

パートナーと向かい合ったとき、まずは目標から話し合ってみよう。経済的に何を求めているのか？　どのようなライフスタイルを期待しているのか？　翌年のバケーションは？　両親を経済的に支援する必要はあるのか？

それから、お互いの毎月の支出を確認しよう。誰もが批判をされたくないので、慎重に扱うべき話題であり、広い心を持つことが大切だ。最初に自分の支出をさらけ出そう。「どこを直せばいいと思う？」と相手の意見を求めるのだ。その後に、パートナーの支出を確認しよう。

次に、お互いのお金に対する価値観について時間をかけて話し合おう。お金をどのように扱っているのか？　稼いでいる以上に使っていないか？　その理由は？　両親はお金についてどのように考えているのか？　お金をどのように管理しているのか？

この話し合いの最も大切な目標は、お金について当たり前のようにカジュアルに話し合えるようになることだ。緊張感に満ちた雰囲気にしてはいけない。二番目に大切な目標は、貯蓄と投資を習慣とし、借金を完済するという資産管理のスタートラインにお互いが立つことだ。

さらに上を目指すために、いくつか短期と長期の貯蓄目標を設定してもらいたい。この時点では、家や車など大きな支出すべてに対する貯蓄目標を設定しない方が賢明かもしれない。あまりの金額の大きさに、圧倒される可能性があるからだ。

1つか2つの貯蓄目標を設定した上で、その目標に向かって毎月、一定の金額を回せる自動化システムを立ち上げよう。時間をかけて、お金に対するお互いの考え方をすり合わせるべきだ。ともに目指せる目標を設定すれば、その目標に向かってパートナーと手を携えることができるだろう。

収入格差があるとき

パートナーとお金の使い方を共有すると、日々の生活でどのように支出を分担すべきか話し合う必要が出てくる。ふたりの収入格差があるとなおさらだ。請求される支払いの分担を決める際には、いくつかのやり方がある。

まず1つ目は、すべての請求書を折半するというやり方だ。ただ、これだと収入の少ない方には不公平感が出てくる。一方の経済的な負担が大きくなって、関係の悪化につながる危険性がある。

代わりに、スージー・オーマンのアイデアを採用してはどうだろう？　彼女は収入に比例した支出の分担を勧めている。例えば、家賃が月に3000ドルで、あなたがパートナーよりも稼いでいるとすると、以下がお互いの分担の割合になる。

収入を基に支出の分担を決める

	あなた	パートナー
月の収入	5,000ドル	4,000ドル
家賃の分担額	1,680ドル	1,320ドル
	5,000/9,000 = 56%	4,000/9,000 = 44%

ほかにもいろいろなやり方がある。共同の家族口座にそれぞれが収入と比例した金額を入れ、その中から請求書の支払いをする。もしくは、ひとりが食費など日々の支出を、もうひとりが家賃を負担するといったやり方もある。

大切なのは、しっかりと話し合いをして、お互いが公平だと思えるやり方で合意するということだ。そして半年、もしくは1年ごとに合意事項に不満がないか、お互いの意見を確認し合おう。

パートナーのお金の使い方に問題があれば

「ラミット、夫がビデオゲームにお金を使いすぎています。これではお金を貯められません。夫にそう話しても、私の意見を無視して、次の日に新しいゲームを買うんです」といった不満が、結婚したカップルから私のもとに頻繁に寄せられる。

解決策は相手を批判するのではなく、夫婦の目標に目を向けてもらうことだ。相手にお金を使わないでくれと言い続けても、気を悪くしてあなたの声を無視するだけだ。人は誰も自分のお金の使い方を批判されたくはない。相手の個人的な問題として捉え続けても、解決の糸口は見つからないのだ。

そうではなく、もっとシンプルに捉えよう。ダイエットに置き換えると、デザートを食べすぎたことを非難するのではなく、まずお皿に野菜とタンパク質をいっぱい盛るよう説得するのだ。第3章の138ページを見てみよう。バケーションやクリスマスプレゼント、新車などのために、毎月どのくらいお金を貯める必要があるのか、その基本的な考え方がわかる。金額を確認した上で、貯蓄目標と目標を達成する具体的なプロセスについて、ふたりで話し合おう。

こうしておけば、次に話し合いをするときには、夫婦の計画に焦点を合わせることができる。あなたが外食で散財したことや、パートナーが直行便チケットを買ったことを非難し合うのではなく、ふたりのプランについて話し合うのだ。

目標に対するふたりのアプローチは当然、異なるだろう。例えば、あなたは有機食材への支出を優先する一方、パートナーは旅行を優先するかもしれない。目標に到達するまでのプロセスに関しては柔軟になろう。相手ではなく、ふたりの計画に焦点を合わせることで、お金の使い方が夫婦の目標に沿ったものになる。こうすることで、賢いお金の使い方ができるようになるのだ。

どうして結婚式について本音を偽るのか?

本書の初版が出版された後、私はブックツアーでアメリカ全土を周り、ニューヨークやサンフランシスコ、ソルトレークシティなどの都市で、多くの読者の方と会う機会を持った。その中でも、ポートランドの会場で出会った若い女性のことは決して忘れることがないだろう。

彼女は講演の後、「結婚式に関するあなたのアドバイスにとても感謝しています」と声をかけてきた。この言葉を聞いて、私は素直にうれしかった。彼女は結婚式に備えるための銀行口座を開設し、毎月、収入から一定の金額をその口座に入れているという。

私は自分が教えたことを実践してくれている人に会うのが大好きだ。彼女にこの話をビデオに収めてもいいか尋ねた。

すると突然、目に見えて態度が変わり、ソワソワし始めた。

彼女がビデオ撮影を好まないことはすぐに理解できたが、その理由がわからなかった。私が理由を尋ねると、彼女は俯きながら、「まだ婚約すらしていないんです」と答えた。

つまりこういうことだ。彼女はまだ婚約していなかったため、結婚式のために貯金していることがおかしいと思われると考えたのだ。ほかの人に変な目で見られるのを恐れたのだろう。大きな勘違いだ。

必ず必要になることが予測できる支出のために、前もってお金をコツコツ貯めるのは全くおかしなことではない。まだだいぶ先のことだから、もしくは金額が大きすぎるからといって、私たちは大きな支出に対する計画を避けたがる傾向にある。だが、ここできちんと計画できるかどうかで、人生に大きな差がつく。

これから私の結婚式に対する考え方を詳しく説明する。多くの人におかしいと思われるかもしれないが、私は他人の意見など意に介さない。私はただ読者と共に、リッチな生活を思い描きたいだけだ。

○結婚式はシンプルに

妹が婚約したと電話で知らせてくれたとき、私は友人と外食していた。私はその場で友人全員にシャンパンを注文した。別の妹が数カ月後に結婚する予定だと教えてくれたときも、私は周囲にいた人にシャンパンをご馳走した。それから、ふたりの妹がいずれも東海岸と西海岸の両方で結婚式を開くことがわかった。数カ月の間に、インド人の結婚式が四度も開かれるのだ。

そのとき、私は結婚式について考え始めた。アメリカ人は平均で結婚式におよそ3万5000ドルほどかける。ウォール・ストリート・ジャーナルによると、アメリカの世帯年収の半分以上の金額だという。ちょっと待ってほしい。「結婚式はあくまで特別な日を祝うものであって、自らを借金地獄に追いやるものではない」と思わず言いたくなる。

ところがいざ自分の結婚式となると、あらゆることを完璧にしたくなるというのが人間の性《さが》だ。私もそうだった。特別な日だからといって、茎が長いバラやフィレミニョンにお金をかけたくなるのだ。私は高額な結婚式を挙げた人を批判したいのではない。

自分たちの結婚式に3万5000ドル使った人も、数年前にはあなたと同じことを言っていた。「シンプルな結婚式でいいよ。たった1日のために借金を抱えるなんてバカげている」。ところがいざ結婚式を目の前にすると、特別な日にかける予算は少しずつ膨らんでいく。特別な日を完璧にしたいという思いに罪はない。そうした思いを認めた上で、いかにして金額を抑えるのかを考えていこう。

◦では何をすべきか？

結婚式の高額な費用を理解した上で、あなたは何をすべきだろうか？　主に3つの選択肢がある。

費用を切り詰めて、シンプルな結婚式にする。すばらしいアイデアだが、率直に言って、ほとんどの人はそこまでの自制心を備えていない。悪口を言っているのではなく、統計がすべてを物語っているのだ。ほとんどの人は結婚式に数万ドルをかけている。

何もせずに後で考える。これは最もありがちな戦略だ。最近、結婚したばかりのある女性と話をした。彼女はこれまで8カ月間、結婚式の計画を温めてきた。最終的に、非常に高額な結婚式になった。彼女と夫は今では結婚式のために抱えた借金をどうすべきか途方に暮れている。後で考えようなどと悠長な思いでいると、のちのち大きなしっぺ返しをくらう。

現実を受け止め、結婚式への備えを始める。10人にどの選択肢を選ぶか尋ねると、全員がこの選択肢を選ぶ。ところが、彼らに毎月いくら結婚式に備えて貯蓄しているのか尋ねると、必ず口ごもるか黙ってしまう。

もしあなたが結婚式について考えているなら、必要な情報はすべて手元にある。結婚する平均年齢は男性がおよそ29歳で、女性はおよそ27歳だ。また、結婚式の平均費用はおよそ3万5000ドルだ。もし絶対に借金をしたくないのであれば、婚約していようがいまいが、次のページの表があなたが毎月、貯めるべき金額だ。

私たちの大半は、結婚式に備えてお金を貯めるという発想すら持たない。それどころか、

- 「こんなに貯めないといけないの？　無理だよ。たぶん両親が援助してくれるはず……」
- 「こんな結婚式はしない。もっと小規模でシンプルなものにするつもりなの……」
- 「婚約したときに考えればいいかな」
- 「まだ婚約もしてないのに、結婚式に向けてお金を貯めるなんて変だよ」
- 「たぶん、お金持ちと結婚しないといけないわね」

などと呑気なことを言う。ただ、彼らはまだマシだ。結婚式の費用について考えることすらしないというのが一般的だからだ。人生で最大の支出の1つであり、必ず数年後には必要となるにもかかわらず、全く考えようとしない。何かがおかしいのだ。

将来の結婚式に備えて貯めるべき金額

女性の場合

年齢	結婚式までの月数	毎月貯めるべき金額
22	60	583.33ドル
23	48	729.17ドル
24	36	972.22ドル
25	24	1,458.33ドル
26	12	2,916.67ドル
27	1	35,000ドル

男性の場合

年齢	結婚式までの月数	毎月貯めるべき金額
22	84	416.67ドル
23	72	486.11ドル
24	60	583.33ドル
25	48	729.17ドル
26	36	972.22ドル
27	24	1,458.33ドル
28	12	2,916.67ドル
29	1	35,000ドル

金額を見て恐れをなすかもしれないが、あなたを覚醒させてくれるものだと前向きに捉えよう。これらはあくまで平均の金額だ。あなたはもっと早く結婚するかもしれないし、遅く結婚するかもしれないし、結婚しないかもしれない。私は36歳で結婚した！　ここで学ぶべき大切な教訓は、前もって計画することで時間を味方にできるということだ。

◦驚くべき結婚式の費用

結婚式の費用を抑えるために、どの項目が最も削減の余地が大きいのかをシミュレーションしてみた。正直に言うと、私は招待客の人数を減らすのが最も効果が大きいと思っていたが、その考えは間違いだった。

興味深いことに、招待客の人数を減らしても思っていたほど費用は変わらない。次の表を見ればわかる通り、人数を半分に減らしても、費用は25パーセントしか減らないのだ。

結婚式の費用を抑える上で最も効果的なのは、固定費を下げることだ。例えば、私の友人のひとりはフォトグラファーをフィリピンから呼び寄せた。ぜいたくに聞こえるかもしれないが、航空チケット代を含めても4000ドルもの節約につながった。また、私の妹は招待状の作成をインドの企業に発注することで、わずかな費用で済ますことができた。

結婚式の費用

変動費	招待客150人	招待客75人
オープンバー／1人当たり	20ドル	20ドル
ランチ／1人当たり	30ドル	30ドル
披露宴／1人当たり	120ドル	120ドル
小計	25,500ドル	12,750ドル

固定費	招待客150人	招待客75人
DJ	1,000ドル	1,000ドル
カメラマン	4,000ドル	4,000ドル
レンタル代:テーブル、椅子など	1,500ドル	1,250ドル
花	750ドル	600ドル
招待客用のホテル	750ドル	750ドル
招待状	1,000ドル	750ドル
リハーサルの夕食	1,500ドル	1,500ドル
ハネムーン	5,000ドル	5,000ドル
ドレス	800ドル	800ドル
リムジン	750ドル	750ドル
指輪	5,000ドル	5,000ドル
ブライズメイドへのプレゼント	4,000ドル	4,000ドル
その他	2,000ドル	2,000ドル
小計	28,050ドル	27,400ドル
合計	53,550ドル	40,150ドル

婚前契約を交わすべきか?

友人のひとりが最近、裕福な人たち——男性、女性、独身、既婚者を含む——を集めて、婚前契約の是非について語り合う会合を主催した。招待した人の中に、「申し訳ありませんが、その会合には出席しません」と言って、誘いを断った男性がいた。

彼は結婚しており、数年前に妻と婚前契約を交わしていた。私の友人が参加しない理由を尋ねると、彼は「離婚後の取り決めを作成するために、愛する人を弁護士に紹介して、数カ月間話し合いを続けるのは、私の人生において最悪の時間だった」と答えた。

私の経験は彼ほどひどいものではないが、妻のキャスと婚前契約書を作成するために交わした会話は、非常に居心地の悪いものだった。ふたりの交際が真剣なものに発展する前には、婚前契約を交わすことなど全く頭になかった。婚前契約を交わした友人を知らなかったし、自分に必要だとも思わなかった。そもそも「失敗に備える」という発想自体が嫌いだったのだ。

ただ、私は自分の考えを改め、妻と婚前契約を交わした。数カ月間調べ上げ、数時間話し合い、数万ドルもの弁護士費用をかけて私が学んだことをこれから説明する。

最初に疑問に思ったのが、どんな人が婚前契約を必要とするのかということだ。有名人や財界の大物、裕福な相続人が頭に浮かんだが、私はそのうちのどのグループにも属していない。

さらに調べを進めると、夫婦のうち片方だけが高額の資産や負債を抱えていない限り、婚前契約は必要ないということがわかった。片方が会社を所有していたり、遺産を持っているような場合だけ。つまり、99パーセントの一般人には必要ないのだ。

映画やテレビでは、婚前契約は片方（お金を持っている方）がもう片方をだますためのツールとして描かれていることがわかった。実際、婚前契約は結婚している間に共同で貯めた資産をめぐる契約だけではなく、お互いが結婚するまでに貯めていた資産をめぐる契約でもある。

もちろん、私は会社を所有している。そのため、私にも婚前契約が必要だということになる。ただ、これは単なるお金だけの話ではない。アイデンティティにもかかわる。自分は婚前契約を交わすべきタイプの人間なのだろうか？

私は父親に電話をして、インド人は一般的に婚前契約を交わすのか訊いてみた。私は父が反対することを確信していたが、驚いたことに「交わさないけど……交わす人がいる理由はわかるよ」と理解を示してくれた。今振り返ると、私は父に「そんなことするわけないだろ！」と言ってもらい、迷いを晴らしてほしかったのだと思う。父が予想外の返答をしたことで、私は慌てふためいた。

また、何人かの友人にキャスとの交際が真剣であることを伝えると、驚くほど多くの人——特に起業家——が「婚前契約はもちろん交わすよね？」と訊いてきた。

次第に私も真剣に考えるようになった。

次に私が気づいたことは、婚前契約に関する情報はあまり公には出回っていないということだ。例えば、契約書のサンプルを探してみたが、ほとんど手に入らなかった。インターネット上の情報はほとんど匿名で書かれているか、最悪の場合は事実誤認だった。

後でわかったことだが、婚前契約は裕福な個人だけが利用する、大金にかかわる法的な契約であるため、公にするインセンティブがないのだ。インターネット上で手に入る情報は割り引いて考えるべきだ。

投資、マイホームの購入、住む場所など、人生のほかのことに関しては、私たちは前もって計画する。ところが不思議なことに、パートナーとの関係となると、前もって計画するのはロマンチックではないと言われる。離婚したある友人は「離婚する前は婚前契約を実際に利用することになるとは思っていなかった。婚前契約を交わしておいてよかったよ」と認めている。

数カ月の間、いろいろと調べた上で、最終的に私は婚前契約を交わす決断をした。結婚とは一生を添い遂げる最愛のパートナーを見つけることだ。一方で、経済的にも大きな影響を及ぼす法的契約でもある。

私は経済的な緊急事態には必ず備えるようにしている。自分なりに勉強し、多くの専門家と相談した上で、結婚という人生で最も大きな経済的決断にはしっかりとした準備が必要だという認識に至った。ある友人は「最悪のときに備えるために、最良のときに婚前契約を交わした」と語っている。

どのようにパートナーと話を進めるべきだろうか？　ネット上の情報のほとんどは、どのようにしてこの話題を切り出すのか（ほとんどの場合、いかにして女性を怒らせないかが焦点となっている）について書かれている。よくあるアドバイスは弁護士をスケープゴートにする（弁護士がそうしろって言ったんだ！）というものだ。私はこのアプローチを好まなかった。

それでは、私の経験について説明する。

キャスと私はまず、ふたりの将来――子ども、結婚、お金、仕事――について話し合うことにした。その会話の最中に、私は「話しておきたいことがある。僕にとって重要なことだ。婚前契約について話し合いたい。結婚する前に契約を交わしたいんだ」と切り出した。

キャスは明らかに、この話題を持ち出されることを予想していなかった。「まだ頭が追いついてない」と彼女は言った。話を進めながら、私は婚前契約を交わしたい理由を次のような順序で説明した。

私はまず、この結婚が永遠であると考えていると彼女を安心させた。「君を愛している。結婚できてうれしいし、君とは死ぬまで一緒だ」。

私がなぜ婚前契約について話したいのかを説明した。「いくつかの重要な決断とたくさんの幸運のおかげで、僕は多くの人よりもお金を持てるようになった。僕たちが婚前契約を実際に利用することはないと思っているけれど、結婚する前にこれまでに築いてきた資産を守れる取り決めを交わすことが僕にとって大切なんだ」。

私は結婚とはチームをつくることだと強調した。「僕たちは結婚すれば1つのチームだ。僕は君を支えるということをわかってほしいし、君が僕を支えてくれることもわかっている」。

私はふたりのライフスタイルを強調した。「君と僕はほとんど同じような境遇で育ってきた。両方とも母親は教師だ。君は僕が何にお金を使っているのかわかっているよね。スポーツカーやお酒じゃない。心地よい生活を送るためにお金を使っている。このライフスタイルを君と、そして僕と君の家族と共有したいんだ」。

婚前契約を交わしたいという思いが強いことを主張した。「僕は自分が仕事や資産形成で成し遂げてきたことを誇りに思っている。離婚という最悪のケースに至ったときに、この資産を守ることが僕にとって大切なんだ」。

つまり、

- 私は彼女を愛し、彼女と生涯を添い遂げたいという思いを強調してから話し合いを始めた。

• 私は自ら責任を持って話題を切り出した。弁護士や税理士が私に強要したという体裁は取らなかった。私が求めていることであり、私にとって重要なことだと白状した。
• 会話のほとんどの時間、婚前契約を交わしたい理由（具体的な中身や金額ではない）について話している。

キャスは婚前契約を交わしてもいいが、少し調べる時間が欲しいと言った。ここから数カ月にわたる話し合いが始まった。お金がふたりにとって何を意味するのか、どうして私が婚前契約を交わしたいのかについて本音を語り、実際の金額にまで話が及ぶと、それらの金額が何を意味するのかについて話し合った。

あるとき、キャスが「私の経済状況についてはすべてオープンに話してきたけど、あなたの経済状況については何も知らされていないから、少し不安なの」と言ってきた。

そう言えばそうだ。私は彼女に自分の資産や収入について全く話してこなかった。それらの金額を熟知しているのは税理士だけだ。私の過失だった。その日、私は彼女に私の資産や収入について洗いざらい明らかにした。

それから、旅行の仕方について話し合った。私が高いホテルに泊まりたいのに、彼女が節約したいときはどうすべきか？

仕事についても話し合った。私の会社は設立してしばらく経っていたが、彼女のビジネスはまだ立ち上げ直後だった。もし彼女がある月、数字を達成できなかったら？　3カ月連続でそうなったら？　私の収入が減った際にはどうするのか？

さらに、私たちはリスクと安全性について話し合った。お金があるとどう感じるか？　銀行口座に一定の金額がある方が安心するか？　リスクを嫌うか？　あなたとパートナーではリスクに対する考え方が絶対に違うはずだ。きちんと話し合おう。

いま振り返ってみると、プロポーズの半年前に話し合いを始めるべきだったと思う。自分の経済状況をキャスにもっと早く伝えて、お金が自分たちにとって何を意味するのか、もっと時間をかけて話し合うべきだった。私にとって、お金とは勤勉と幸運だ。また、リッチな生活を共にデザインするために必要なものでもある。

私は15年間お金について考え続けてきたが、キャスはそうではない。私の場合は、自分のファイナンシャル・チームが支出を分類してきっちり調整してくれるとわかっていたから、ある種の支出については大雑把に考えていたが、キャスは違う。

お金の様々な問題について、定期的に彼女と話し合っておくべきだった。そうしていれば、結婚の直前に彼女を唐突に驚かせることはなく、当たり前のように話し合える話題になっていただろう。

月日が経つにつれて、話し合いは袋小路に入り込んでいった。私は機嫌を損ね、彼女は理解してもらえないと感じていた。ふたりとも最悪の気分だった。ついにキャスは外部の助けを借りることを提案してきた。私はすぐに同意し、カウンセラーと会うことにした。彼はお金をめぐる感情的な問題をうまく仲裁してくれた。彼の存在は非常に頼もしく、もっと早く相談しておくべきだった。

婚前契約には、離婚した場合にお互いがどうするのかを明記する。結婚前に築いていた資産をどうするのか？　家を買っていた場合、どうするのか？　離婚した際、どちらが出ていくのか？　いつまでに出ていかなければならないのか？　1年で離婚するとどうなるのか？　20年では？　子どもがいたらどうするのか？

これらはすべて厄介な問題だ。婚前契約だけでなく、婚後契約や契約内容の修正などもある。決まった形式などはない。だからこそ、弁護士の力が必要なのだ。

最終的に、私たちはお互いが満足できる契約にサインできた。

こうした経験を経て、私は婚前契約について誰もあけっぴろげに話したがらないことにショックを受けている。完全にタブー視されている。一方、私が友人やアドバイザーらと個人的に話をしてみると、驚くほど多くの人が婚前契約を交わしていることがわかった。このテーマに明るい光を当て、読者の方にもパートナーと婚前契約についてオープンに話し合ってもらいたいと思っている。

婚前契約について話し合う過程で、お互いのお金に対する考え方をより深く理解し合うことができた。もちろん、私もキャスも婚前契約を実際に利用する日が来ないことを願っている。

大きな買い物で節約する

大きな買い物をするときこそ、節約のチャンスだ。外食のときにコーラを注文しないように気をつける一方、家具や車、家など大きな買い物のときには数千ドルを無駄遣いする知人がいるが、そんな人になってはいけない。

大きな買い物をするときには、ほかの細々とした節約が無駄に思えるほどまとまった金額を節約できる。一方、こうした買い物のときに限って、平気で過ちを犯してしまうのが私たちだ。店舗間の価格の比較をせず、販売員の話術にまんまと乗せられ、そんなことも知らずに掘り出し物を手に入れたと勘違いしてしまうのだ。

車を買う前に知っておきたいこと

服を買うときや外食のときには節約する一方、車など大きな買い物のときに軽率な判断をして、それまで貯めてきた貯蓄を台無しにしてしまう人は驚くほど多い。

まず始めに伝えておくべきことは、車を買う上で最も大切な判断材料はブランドや走行距離ではない。経済的な観点から言うと、最も重要なのはその車を売却するまでに何年乗るかだ。

どんな掘り出し物を手に入れたところで、4年でその車を売れば、あなたは損をする。

金銭的に余裕のある範囲で信頼できる車を選び、メンテナンスし、できる限り長くその車に乗ろう。少なくとも10年以上乗らなければならない。自動車ローンの支払いを終えてから、真の貯蓄が始まるのだ。丁寧にメンテナンスすれば、長期的には大きな金額を節約できる。

車の購入には4つのステップがある。予算を立てる、車を選ぶ、インド人のように交渉する、そして車をメンテナンスする。

第一に、あなたの支出と貯蓄の優先順位の中で、車を買うことがどこに位置づけられるのかを考えよう。中古のトヨタのカローラで満足できて、余ったお金を投資に回したいのであれば、すばらしいことだ。一方、心の底からBMWが大好きで、経済的にも買う余裕があるのであれば、BMWを買うべきだ。意識的な支出をここでも実践するのだ。

車の優先順位を考えた後には、意識的支出プランを見直し、毎月どのくらいの金額を車関連の支出に当てられるのか決めよう。理想的には、金額は少ない方がいい。

車にはほかにも様々な出費があることを理解した上で、車自体の購入にいくら使いたいのかを決めよう。例えば、車に割ける総額が月に500ドルとすると、車の購入にかけられる金額はおそらく月に200～250ドルだ。私がサンフランシスコに住んでいたとき、自動車ローンには毎月350・75ドル支払っていたが、保険料、ガソリン代、維持費、駐車場代などを加えると、1カ月の支出総額は1000ドルに膨らんだ。

車自体に払えるお金を毎月およそ200ドルとすると、5年間乗っても、1万2000ドルの車しか買うことができない。思ったより安い金額ではないだろうか？　この数字を見るだけで、いかに多くの人が車にお金を使いすぎているかがわかるだろう。

◦ひどい車を買わない

絶対に良い車を選ぼう。客観的な判断基準から、買うべきではない車がある。例えば、IQが42より高い人が意識的にフォードのフォーカスなど選ぶだろうか？　残念なことに、多くの人は販売店に置かれている眩い新車に目を奪われる。ただ、あなたは今日乗るだけの車を買うわけではないことを肝に銘じておくべきだ。この先10年以上乗る車だ。高級車を買った友人を私はたくさん知っている。その一部は純粋に車の愛好家で、毎日のように運転する。ただ、ほとんどの人にとって目新しさは日々薄れていき、せっかくの高級車も単なる通勤のための道具に成り下がっている。

第一に、予算の範囲内に収めなければならない。つまり、自動的にほとんどの車が対象から外れるということだ。経済的に買う余裕のない車は見ることすら厳禁だ。

第二に、良い車でなければならない。「でもラミット、良い車なんて人それぞれだろ？　ある人にとってはゴミでも、ほかの人にとっては宝だったりするよ」と言いたい気持ちはわかる。聞いてほしい。その車が良いかどうかを判断できる人がいる。私だ。以下が良い車かどうかの判断基準だ。

- **信頼性**。私は車を買ったとき、とにかく故障しない車が欲しかった。めまぐるしい毎日を過ごしていたため、時間とお金を浪費する車の故障だけはどうしても避けたかった。この優先順位が高かったため、故障しないのであれば多少のお金を払ってもいいと思っていた。
- **心から好きかどうか**。本書では、心から好きなものに意識的にお金を使うよう何度も繰り返し説いている。私は長く運転するつもりだったため、運転を心から楽しめる車を選ぶことを優先した。
- **中古市場での価値**。私の友人のひとりは2万ドルのアキュラを買い、7年ほど運転してから半額で売った。7年も運転した車としては上々の売却額だ。あなたが買うつもりの車がどれくらいの値段で売れるのか、インターネットで調べてみよう。大半の車が瞬く間に価値を失う一方、比較的価値の下がらない車（特にトヨタとホンダ）があるのを見て驚くだろう。
- **保険**。新車と中古車に対する保険料は大きく異なる。多少の違い（月に50ドル）であっても、年月が経てば大きな差につながる。
- **燃費**。燃費は必ず考慮に入れよう。よく運転する人は特に考慮すべきだ。長期的な車の価値を決める上では重要な要素だ。
- **頭金**。これも重要だ。もし頭金に使える資金があまりないのであれば、頭金の少ない中古車の方が魅力的だ。頭金がゼロであれば、新車に対して支払うことになる利息の総額は大きく膨らむ。私は頭金をしっかりと用意した。

車を買う際にやるべきこと、やってはいけないこと

○やるべきこと

- **費用の総額を計算する**。その車を乗り終えるまでに総額でいくらかかるのかを計算するということだ。車の価格とローンの金利に加えて、維持費、ガソリン代、保険料、中古車としての売却価格まで計算しなければならない。これら目に見えない費用を概算でもいいので理解すれば、貯蓄と投資に回せる金額をより正確に見積もることができる。また、急な修理に600ドルかかっても驚くことがなくなるだろう。
- **最低でも10年乗れる丈夫な車を買おう**。クールな見た目の車ではない。見た目は衰えても、支払いは続く。長期的な最適化を意識しよう。

○やってはいけないこと

・**カーリース**。カーリースで得をするのはディーラーだけだ。カーリースが許されるのは、常に新車に乗りたい人と、節税目的の企業経営者だけだ。本書の読者の大半の人にとっては、カーリースは間違った選択だ。車を買って、長期間運転しよう。コンシューマー・レポート誌によると、ホンダのアコードを5年間リースすると、買うよりも4597ドル、余分に費用がかかるという。同様に、トヨタのカムリを6年間リースすると、買うよりも6000ドル、余分に費用がかかる。

・**7年以内に車を売却する**。自動車ローンを払い終えた後から真の貯蓄が始まる。できる限り長く運転しよう。多くの人は車を早く売りすぎている。きちんとメンテナンスして、ボロボロになるまで乗った方が得策だ。

・**中古車を買わなければならないと思い込む**。計算してみよう。適正な価格の正しい車を選び、長く運転すれば、長期的には新車を買った方が節約できるかもしれない。次のページの私が新車を購入した際の経験談をぜひ読んでほしい。

・**予算で無理をする**。車に関しては現実的な予算を設定し、その金額を上回らないようにしよう。自分に正直になろう。ほかにもいろいろな費用がかかる。毎月の支払いに追われて苦労したくはないはずだ。

◦交渉して値引きを引き出す

私はこれまで多くの交渉を実際にこの目で見てきた。父親が車のディーラーと何日も交渉するのに同席したこともある。販売店で一度、朝食を食べたこともあった。

ディーラーとは情け容赦なく交渉しなければならない。車の販売店ほど多くの人が誤った決断をする場所は見たことがない。もしあなた自身が熾烈な交渉を苦手とするのであれば、得意な人を一緒に連れて行こう。可能であれば、ディーラーがノルマを達成しようと必死になっている年末に車を買うようにすれば、より前向きに交渉に応じてくれるはずだ。

以下が私の実際の手法だ。私は12月末に車を買うと決めたとき、17のディーラーに連絡し、具体的にどの車が欲しいのかを伝えた。2週間以内に買うつもりであることを伝え、彼らの利益についても熟知した上で、最も安い価格を提示したディーラーから買うつもりだと言った。私がアールグレイの紅茶を飲みながら、ハバネロサルサソースをつけてタコスを食べていると、ディーラーから次々と返事が返ってきた。すべてのディーラーから金額を提示された後、私は彼らに連絡し、最も安い金額がいくらだったのかを伝え、彼らにもう一度だけチャンスを与えた。そこから入札合戦になり、価格は面白いほど下がっていった。

最終的にパロアルトのディーラーを選んだ。仕切り価格を2000ドルも下回る、聞いたことのない値段だった。複数の販売店に行く必要も、粘着質な販売員と個別に交渉する必要もなかった。私が直接赴いたのは、最終的に買うことになるパロアルトの販売店だけだった。

◦車のメンテナンス

車のメンテナンスという作業がセクシーではないことは重々承知だが、最終的に車を売るときに報われる大切な習慣だ。リタイア後に向けた貯蓄と同じくらい真剣に、車のメンテナンスのことを考えるべきだ。

まずは車を購入したらすぐに、カレンダーに点検日を書き入れよう。車は平均して年間1万5000マイル（約2万4000キロ）走る。この走行距離を基準にメーカーの指針に従って、メンテナンスのスケジュールを組むべきだ。

もちろん、オイルを定期的に交換し、タイヤの空気圧もチェックしなければならない。洗車もこまめに行うようにしよう。私はメンテナンスの記録をきちんと残すようにしている。車を売るときに買取店にその記録を見せ、いかに細心の注意を払ってメンテナンスしてきたのかを証明するのだ。メンテナンスの記録を残さなかったばかりに、交渉で価格を引き下げられることはよくある。記録をさぼって、交渉で不利にならないよう心がけよう。

生涯最大の買い物：家を買う

もし私が「1年で10万ドル稼ぎたいですか」と訊けば、首を縦に振らない人はいないだろう。さらに週に10時間働くだけでいいと加えれば、誰もがその話に乗るはずだ。なのになぜ人生で最大の買い物と言える家のリサーチに、それだけの時間をかけないのだろうか？　99パーセントの人がやらないリサーチをきちんと行うだけで、住宅ローンを払い終えるまでに数万ドル、節約することができる。

家を買うというのは最も厄介で、最も重要な決断だ。前もってあらゆることを調べ尽くす価値がある。文字通り、あらゆることだ。バナナ・リパブリックのズボンを買うのとは訳が違う。数十万ドルする家を買うときに多くの人が陥る共通の罠について、私たちは熟知しておくべきだ。また、不動産の専門用語や値引き交渉の仕方についても学習しておこう。家というのは基本的に住むためのものであり、投資目的のものではないということも理解しておかなければならない。

もしスプレッドシートを使って計算することなく家を買えば、あなたは愚か者だ。少し勉強するだけで、30年の住宅ローンを払い終えるまでに7万5000ドル、もしくは12万5000ドルもの節約につながるのだ。家を買うことが果たしてあなたにとって正しいのかどうか、その判断材料についてこれから説明していく。さらに、家を買うまでの数カ月間――少なくとも3カ月、できれば12カ月の間――、あなたがやるべきことの概略も解説する。

○家を買うべき人は誰か？

私たちは小さい頃から、家を持ち、2〜3人の子どもを持つことこそがアメリカンドリームだと教えられてきた。実際、大学を卒業した後、一番大きな買い物として家を買いたいという友人は多い。支出プランもなく、確定拠出年金にも入らず、彼らは家を買おうとしているのだ。なぜ家を買いたいのか訊くと、彼らはポカンと口を開ける。そして「優良な投資だからさ」と、思考できないロボットのように答えるのだ。

実際は、家は優良な投資などではない。その点については後述するとして、まずは家を買うべき人がどういう人かについてお話しする。

何よりもまず、経済的な合理性があるときのみ家を買うべきだ。昔であれば、家の価格が年収の2・5倍以内に収まり、少なくとも20パーセントの頭金を用意でき、毎月の支払い（住宅ローン、修繕費、保険料、税金を含む）が年収の30パーセント以内に収まれば、家を買ってもよかった。税引き前の年収を5万ドルとすると、家の価格は12万5000ドル以内、頭金は2万5000ドル、月の支払いは1250ドル以内ということだ。

時代は変わったが、だからといって、年収の10倍の家を頭金なしで買う人が愚かであることに変わりはない。確かに、かつての指針からは少し逸脱してもかまわないが、経済的な余裕のない金額の家を買えば、結局は痛い目を見ることになるだろう。

はっきり言おう。あなたに20パーセントの頭金を用意する経済的余裕があるだろうか？　もしないのであれば、貯蓄目標を設定し、目標に到達するまでは購入の検討すら控えるべきだ。仮に頭金を用意できても、毎月の支払いを継続できる安定した収入を確保する必要がある。

「家賃に月1000ドル払っているから、家にも月1000ドル払えるよ」などと思いたくなるかもしれないが、それは間違っている。第一に、あなたはいま借りている家よりも良い家を買いたくなる可能性が高い。つまり、毎月の支払いは高くなる可能性が高いのだ。

第二に、家を買えば、固定資産税や保険料、修繕費が必要になり、毎月の支払いは数百ドル余分にかかるようになる。車庫の扉が壊れたら、トイレの修理が必要になったら、その費用を払うのはあなただ。家主が払ってくれるわけではない。家の修繕には莫大な費用がかかる。つまり、もし住宅ローンの支払いが今の家賃と同じ1000ドルなら、実際の費用は40〜50パーセント高く見積もるべきだ。このケースでは、月に1500ドルくらいにはなるということだ。

次に考えるべきことは、買うつもりの家はあなたの予算の範囲内だろうか？　ということだ。面白いことに、私の知る多くの人が可能な限り最も立派な家に住みたがる。確かに、あなたの両親は現在、立派な家に住んでいるかもしれないが、そのレベルに到達するまでに30〜40年の年月がかかっている。すでに裕福でない限りは、自分の期待値を少し下げて、小さな家から始めるべきだ。あなたが最初に買う家は、あなたが望むほど多くの寝室がないはずだ。ロケーションも理想とは言えないかもしれない。ただ、きちんと毎月の支払いをこなすことで、自分の資産を築くことができる家だ。

最後に、少なくとも10年間、その家に住めるだろうか？　家を買うということは、長い間その家に住むということだ。5年で十分だと言う人もいるが、長く住めば住むほど、お金を貯めることができる。これにはいくつかの理由がある。伝統的な不動産会社を通して家を買う場合、莫大な手数料——通常は不動産価格の6パーセント——がかかる。数年しか住まない場合、10年、20年住んだ場合と比べると、1年単位の手数料は大きくなる。さらに引越しにかかる費用もある。また、家の売り方次第で、莫大な税金を納める必要が出てくるかもしれない。

私が強調したいのは、家を買うというのは必ずしも誰もが通るステップではないということだ。多くの人がそう思い込み、背伸びしすぎて大変な思いをする。家を買えば、あなたのライフスタイルは永遠に変わる。何が起きても、毎月の支払いは待ってくれない。結果的にあなたが選べる仕事の選択肢の幅は狭まり、大きなリスクも取れなくなる。失業して、住宅ローンが払えなくなる場合に備えて、6カ月分の緊急時用ファンドも貯めなければならない。端的に言うと、家の所有者になる責任をきちんと果たせる心構えが必要になるということだ。

もちろん、家を買うことの利点はあり、アメリカ人のほとんどの世帯は生涯で一度は家を買う。もし経済的に余裕があり、その地域に長い間住む覚悟ができていれば、家を買うことは資産を築き、子育てのための安定した場所を確保できるすばらしい方法の1つと言えるだろう。

◦不動産は大半の個人投資家には勧められない

アメリカ人にとっての最大の投資は家だが、不動産はアメリカ人が最もお金を失う資産でもある。不動産会社（そして多くの住宅所有者）からは嫌われるかもしれないが、実際、不動産はアメリカで最も過度に評価されている投資と言える。家とはあくまで高い買い物であり、投資としての価値は副次的なものだ。もし自分の住む家を投資として捉えているのであれば、不動産はせいぜい平均的なリターンしか生まない。

第一に、リスクの問題がある。もし家があなたの最大の投資であれば、ポートフォリオの分散はどうなるだろうか？　住宅ローンに毎月2000ドル払っているとして、リスクのバランスを取るためにほかの資産に6000ドル投資しているだろうか？

第二に、不動産は個人投資家にわずかなリターンしか提供していない。イエール大学のロバート・シラー教授によると、1915～2015年にかけて、住宅価格は平均して年率0・6パーセントしか上昇していないという。

この数字に違和感を抱くかもしれないが、これが真実だ。実際は儲けてもいないのに、儲けていると思い込んでいるのだ。例えば、誰かが25万ドルで家を買い、20年後に40万ドルで売却すれば、彼らは「すごい！　15万ドルも儲けた」と思うだろう。ただ、固定資産税や修繕費、株式市場に投資できない機会費用などの重要な要素を考慮に入れていない。実際は、株式市場への投資が不動産への投資を圧倒している。だからこそ、賃貸の方が賢明な判断になり得る。私は自ら賃貸を選んだ！

家を買うことが絶対に悪い判断だと言っているわけではない（私も将来は家を買う予定で、「将来の家のための頭金」と名付けた貯蓄口座を持っている）。ただ、投資ではなく買い物と捉えるべきだ。ほかの買い物と同じように、家を買ったら、できるだけ長く住むようにしよう。やるべきことを済ませてから、交渉に臨もう。賃貸などほかの選択肢についても、しっかりと検討しよう。

○持ち家vs賃貸

多くの人にとって、賃貸の方が賢明な選択になり得るという理由をこれからお見せしたい。特にニューヨークやサンフランシスコなど、不動産価格が高騰しているエリアに住みたい人に言えることだ。まず、賃貸は資産形成に寄与しておらず、「お金をドブに捨てている」という考え方をいったん捨ててほしい。パーソナル・ファイナンスにおいて、このような決まり文句には用心すべきだ。これが真実ではないということを具体的な数字で証明する。

家を買って保有するのにかかる費用の総額は、その家の売り出し価格よりもずいぶん高い。まずは次の表を見てみよう。

この表を見ると、22万ドルの家を買っても、実際は40万ドル以上の費用がかかることがわかる。ここには引越し代や家具の新調、リノベーション、家を売るときの仲介手数料は含まれて

家を30年以上保有する費用

購入価格	220,000ドル
頭金（1割）	22,000ドル
契約手数料	11,000ドル
民間住宅ローン信用保険	6,270ドル
金利（4.5%）	163,165.29ドル
税金と保険料（3400ドル／年）	102,000ドル
維持費（2200ドル／年）	66,000ドル
修繕・改修費	200,000ドル
合計	778,408.73ドル

いない。これらを含めれば、さらに数万ドルの費用がかかるだろう。この表の金額に異論がある人もいるかもしれない。そういう人は自分でも調べてみよう。私はあくまで目に見えない費用の大きさについて理解してもらいたいだけだ。

賃貸の場合、この表にあるような関連費用は発生しない。大切なのは、その浮いた分のお金を投資に回すことだ。浮いたお金を銀行口座で寝かせたり、浪費してしまうくらいなら、家を買って強制的な貯蓄として活用した方がマシだが、ここまで本書を読んできた読者の方は、浮いたお金を投資に回す習慣が身についているはずだ。

もちろん、家を買うことがそうであるように、賃貸が誰にとっても最善な選択肢であるとは言えない。あくまで個々人の状況次第だ。

◦家の所有者になる：家を買う際のアドバイス

パーソナル・ファイナンスのあらゆる分野に言えることだが、家の購入にも隠れた秘訣などない。ただ、真の費用を理解することなく、人生最大の買い物をしてしまうほかの人たちとは異なる考え方をするようにしよう。

私はアセットアロケーションに関しては積極的にリスクを取るが、不動産に関しては保守的だ。読者の方にも過去に実証されている大原則——20パーセントの頭金、30年の固定金利、毎月の支出が収入の30パーセント以内——に従ってほしいと考えている。この原則に従えないのであれば、従えるようになるまで家の購入を延期すべきだ。

多少であれば無理をしてもかまわないが、支払いに窮するほどの無理をしてはいけない。最初に誤った判断をしてしまうと、のちのち苦労することになり、住宅ローンを返済し終えるまで大きな経済的負担となる。こうした事態は絶対に避けるべきだ。せっかく頑張ってきたほかの努力がすべて水の泡になってしまう。

家を買うときに正しい判断ができれば、残りの人生は楽になる。毎月、支出をコントロールでき、住宅ローンの支払いにも窮せず、余ったお金を投資に回したり、休暇に使うなど好きなことに使うことができる。以下が正しい判断をするために、あなたがやるべきことだ。


―1― **頭金をできるだけ貯めよう。** 通常は20パーセントの頭金を支払う。20パーセントの頭金のための貯蓄ができていない場合、団体信用生命保険と呼ばれるものに入らなければならない。ローンの支払いができなくなったときのための保険だ。通常は住宅ローンの金利に上乗せされる。頭金の額が大きいほど、この保険のために支払う金額は抑えられる。1割の頭金すら払えない状況なら、家を買うことを検討してはいけない。高額な住宅ローンの支払いや維持費、税金、保険、家具、修繕などの出費に耐えられなくなるだろう。頭金のための貯蓄目標を設定し、その目標を達成するまで家を買うことは考えないようにしよう。

持ち家に関する誤った通説

「不動産価格は常に上昇する」。真実ではない。インフレや税金、その他の出費を勘案すると、家の価格は上昇していない。売り出し価格が上昇しているので高くなっているような錯覚を覚えるが、表面上の数字だけを見てはいけない。

「レバレッジを利用して資金を増やせる」。家の所有者は不動産の大きな利点としてレバレッジを活用できる点を挙げる。2万ドルの頭金を払うだけで10万ドルの家を買えるため、その家が12万ドルになると、実質的に資金を2倍にできたことになるという考え方だ。残念なことに、レバレッジは価格が下がったときには反対の作用をもたらす。もし家の価格が10パーセント下がれば、資産を10パーセント失っただけではなく、様々な手数料や新調した家具などの支出を加えると、20パーセント失ったようなものだ。

「住宅ローン減税を使ってお金を節約できる」。慎重にならなければならない。節税はすばらしいが、普段であれば使うことのなかったお金を節約しているにすぎないということを忘れている。なぜなら家を所有するために払うお金は、維持費や修繕費、保険料などを加えると賃貸よりもずいぶん高くなるからだ。さらに、国の政策に大きく左右される点も忘れてはいけない。

―2―**必要な総額を計算しよう。**車や携帯電話を買ったときに、広告で提示されていた価格よりも高かったという経験はあるだろうか？　私はある。買う気で来ているため、ほとんどの場合はそのまま買ってしまう。ただ、家の場合は高額であるため、わずかな差でさえ追加的な支出額は大きくなる。例えば、もし予期せざる出費が月に100ドルであった場合、家を買う手続きをキャンセルするだろうか？　おそらくしないだろう。ただ、そのわずかな金額がローンの期間に積もり積もって総額で3万6000ドルにもなり、大きな機会費用の発生につながる。理想的には、総額は総収入の3倍を大きく超えてはいけない。また、保険料、税金、維持費、修繕費なども忘れないようにしよう。もしこれら諸費用を聞いて驚いているのであれば、家を買う前に必ず限なく調べよう。

―3―**可能な限り最も保守的で退屈なローンを選ぼう。**私の好みは30年の固定ローンだ。確かに15年ローンより支払う利息の総額は大きくなるが、融通が効きやすく、毎月の返済額を増やして早期に完済するという道も選べる。ただ、コンシューマー・レポート誌によると、住宅ローンを毎月100ドル多く返済する場合と、そのお金を年率8パーセントのインデックスファンドに投資する場合とを比較すると、20年という期間で見ると、ファンドに投資した方が確実に儲かるという。「家を長く所有すればするほど、住宅ローンの返済を早めることは賢明な選択肢ではなくなる」と指摘している。

その他の大きな買い物

ここまで結婚式、車、家について説明してきたが、ほかにも事前に計画を立てることなく買ってしまう大きな買い物がいくつもある。例えば、子育てを考えてみてほしい。問題は、前もって計画しないと、最終的な出費が大きく膨らんでしまうということだ。幸いなことに、将来訪れる大きな買い物の大半には、うまく対処する方法がある。

1 **現実的な見積もりを立ててみよう。**本書を読み通した（さらにアドバイスの半分を実践した）人は、パーソナル・ファイナンスにおいて大半の人よりもうまくやれているはずだ。それでも、結婚式の費用は事前の計画より高くつき、持ち家に関しても計算外の出費が生じるはずだ。とは言え、現実から目を逸らしてはいけない。今後10年の間に予定している大きな買い物が総額でいくらかかるのか、現実的なプランを立てることに挑戦してみよう。完璧である必要はない。20分かけて、思いつくものを書き出すことから始めよう。

2 **貯蓄プランを立てよう。**残念ながら私の提案を受け入れて、大きな買い物のための計画を立てられる人はあまりいない。その代わりに、大雑把な貯蓄プランだけでも立ててみてはどうだろう？　結婚式に3万5000ドル、車に2万ドル、生まれた子どもの最初の2年間に2万ドル、家の頭金に数万ドルかかると想定した上で、毎月いくら貯蓄する必要があるのか計算するのだ。もしあなたが25歳で、3年以内に車を買って、結婚するつもりであれば、貯蓄すべき金額は5万5000ドル／36カ月＝月1530ドルだ。それだけの金額を貯める金銭的な余裕はないかもしれないが、あとあと後悔しないために、今のうちに知っておくべきだ。その上で、現実的にいくらなら貯められるのか考えてみよう。300ドルであればどうだろう？　もし可能であれば、少なくとも先月よりは300ドル貯蓄できているということだ。

3　すべてにおいて最高のものを手に入れることはできないため、優先順位をつけよう。

優先順位は絶対に必要だ。結婚式や初めての持ち家では、最高のものを求めてしまうというのが人間の性《さが》だ。そのことを自覚しなければいけない。すべてにおいて最高のものを手に入れることはできない。結婚式では、フィレミニョンとオープンバーのどちらの優先順位が高いだろうか？　それぞれ必要となる費用を書き出せば、予算内に抑えるためにどこで折り合いをつけるべきかがわかるだろう。書き出さないと、妥協する必要がないと勘違いしてしまう。そうやって、私たちは借金地獄にはまっていくのだ。

特に重要ではないと判断したものに関しては、人に借りたりお願いしたりして節約するよう心がけよう。家に関してロケーションが一番大事だと判断した場合は、そこにお金をつぎこみ、椅子や食器などは安いものを選ぶようにしよう。車を買う場合も、お気に入りの車種を手に入れるためには、サンルーフをあきらめよう。いずれにせよ、大きな買い物では値引き交渉は欠かせない。前もって計画すれば、時間をかけることで節約につながるはずだ。

より大きな目標を立てる

多くの人が日々の些細なお金の問題に振り回されながら生活を送る。どうして300ドルもするジャケットを買ったのだろう？　あのサブスクリプションは解約したつもりだったのに——。もしあなたが本書のプログラムに従っていれば、もはやこうした問題に惑わされてはいないだろう。あなたの口座は自動的にリンクしている。遊びにいくら使えるのか、毎月いくら貯めたいのかをきちんと把握している。もし何か問題が起きても、支出を抑えるべきか、収入を増やすべきか、ライフスタイルを調整すべきか、あなたのシステムが教えてくれるはずだ。

あなたは日々の些細な問題ではなく、もっと大きな目標に向かって行動できる段階に来ている。大半の人は些細な経済問題に意識を奪われ（「とにかくこの借金を返済しなければ！」）、リッチになることを考える余裕すらない。そんな人たちを横目に見ながら、あなたは自動的に貯まっていくお金を使って、心から好きなことをしながら、より大きな目標に邁進できる。

リッチな生活に必要なことは、あなたを支えてくれたコミュニティに恩返しすることではないだろうか？　炊き出しのボランティアなど、昔ながらの方法がいくつもある。慈善活動にお金持ちである必要はない。たった100ドルでも十分だ。ペンシルズ・オブ・プロミスなどのサイトをのぞけば、発展途上国にも寄付することができる。あなたが通った高校や地元の図書館、環境保護団体に寄付してもいいし、お金がなければ、あなたの時間を寄付してもいい。

慈善活動には、本書の原則をそのまま適用できる。最もシンプルなステップを踏めば、楽に第一歩を踏み出せる。投資家になるためにお金持ちである必要がないのと同じで、慈善家になるためにお金持ちである必要はない。

パーソナル・ファイナンスのシステムを立ち上げたことで、あなたは日々の経済的な問題から解放され、より大きな高みを目指せる立場にいる。一年前を振り返ってみてほしい。あなたは他人のために何ができただろうか？　今年は他人のために何ができるだろうか？

本書の読者が意識的な支出を徹底し、そのスキルを使って周囲の人を助けられるようになれば、私にとってそれほど喜ばしいことはない。貧しい子どもを助ける、奨学金を新設する、友人のお金の管理を無償で行う。あなたは投資の知識に関しては、すでに最高レベルにある。短期的な目標のためにお金を運用する段階を終え、貯まっていくお金を使ってどのようにリッチな生活を送るのか――さらに、そのお金をいかに他人と共有していくべきか――を考えられる段階に足を踏み入れているのだ。

そろそろお別れの時間だ。もしこれが映画であれば、しとしとと雨が降り注ぐ中、バイオリンのBGMが次第に大きくなり、一粒の涙が頬をつたっている年配の将校に向かって、若い兵士がゆっくりと敬礼をする場面だ。

ほかの人にもリッチな生活を

もしこの本があなたを変えられたのなら、本書の終わりはあなたのリッチな未来の始まりでもある。私たちは次のことを学んだ。リッチになるというのは、お金だけの話ではない。多くの人はお金に関して一家言持っているものの、自分のお金に関しては何もわかっていない。自動化すれば、意識的な支出も楽しくなる。

お金の仕組みについて理解したいま、あなたにはこのことを理解してほしい。ほとんどの人は、リッチであることがどういうことかわかっていない。

アイビーリーグの卒業生や宝くじに当たった人だけが実現できる、特別な状態だと勘違いしている。そうではない。誰もがリッチになれる。リッチが何を意味するのかが、人によって違うだけだ。あなたはそのことをすでに学んでいる。リッチな生活において、お金はささやかだが重要なものであることを知っている。人生がスプレッドシートの外にあるものだということを知っている。リッチな生活を思い描くために、どのようにお金を使うべきかも知っている。

もし可能であれば、あなたの友人にも本書のアドバイスを伝え、彼らが些細なことに惑わされず、人生の目標に集中できる手助けをしてほしい。リッチな生活とはお金を超越したものだ。まず自分がリッチな生活を送り、それからほかの人がリッチな生活を送れる手助けをする。これこそが真のリッチな生活だ。〈iwillteachyoutoberich.com/bonus〉を検索してほしい。あなたがもっとお金を稼げるようになるためのアドバイスを提供している。

最後に一言。私にメール（ramit.sethi@iwillteachyoutoberich.com、件名：my Rich Life）を送って、あなたが学んだことを1つ教えてほしい。あなたの連絡を待っている。

[著者]
ラミット・セティ（Ramit Sethi）
ウェブサイト「iwillteachyoutoberich.com」を運営し、お金やビジネス、心理学について幅広い読者に向けて情報を発信している。これまでにThe New York Times、Fortune、The Wall Street Journal、The Tim Ferriss Showなど多くのメディアで取り上げられてきた。スタンフォード大学でテクノロジーと心理学を学び、現在は妻とニューヨークに住んでいる。インスタグラムとツイッターは@ramit。

[訳者]
岩本正明（いわもと・まさあき）
1979年生まれ。大阪大学経済学部卒業後、時事通信社に入社。経済部を経て、ニューヨーク州立大学大学院で経済学修士号を取得。通信社ブルームバーグに転じた後、独立。訳書に『FIRE 最強の早期リタイア術』（ダイヤモンド社）などがある。

トゥー・ビー・リッチ
——経済的な不安がなくなる賢いお金の増やし方

2023年4月18日　第1刷発行

著　者——ラミット・セティ
訳　者——岩本正明
発行所——ダイヤモンド社
〒150-8409　東京都渋谷区神宮前6-12-17
https://www.diamond.co.jp/
電話／03･5778･7233（編集）　03･5778･7240（販売）
ブックデザイン—小口翔平＋阿部早紀子＋青山風音（tobufune）
校正————円水社
製作進行——ダイヤモンド・グラフィック社
印刷————三松堂
製本————ブックアート
編集担当——斉藤俊太朗

ISBN 978-4-478-11692-0